AF856640

Le franc CFA :
une monnaie en débat

Collection « Études africaines »

dirigée par Denis Pryen et son équipe

Forte de plus de mille titres publiés à ce jour, la collection « Études africaines » fait peau neuve. Elle présentera toujours les essais généraux qui ont fait son succès, mais se déclinera désormais également par séries thématiques : droit, économie, politique, sociologie, etc.

Dernières parutions

Balla CISSÉ, *Le mirage de la IVe République du Mali. 22 juillet 2023-6 juillet 2024*, 2024.
Ernest-Marie MBONDA, *Pouvoir, droits et justice en Afrique, Essais de philosophie politique appliquée*, 2024.
Jean-Alexis MFOUTOU, *Stigmatisation et discriminations au Congo-Brazzaville. L'homme devient étranger à l'homme*, 2024.
Jean OTEMIKONGO MANDEFU YAHISULE (dir.), *Gouverner l'État en temps de crise, Survivre à la mort programmée de l'État congolais*, 2024.
Joachim E. GOMA-THETHET, *Les cols bleus de Pointe-Noire. La révolution congolaise au bout de la chanson (1965-1972)*, 2024.
Stéphane NGWANZA, Rodrigue TASSE (dir.), *La francophonie dans les relations internationales contemporaines. Un instrument de projection de l'Afrique dans un monde multipolaire*, 2024.
Sidiki KABA, *Modélisation de la mortalité des enfants de moins de 5 ans en guinée, Apport des modèles multiniveaux et des méthodes de décomposition*, 2024.
Konin AKA, *Le patrimoine musical traditionnel et son rôle dans la société ivoirienne. Tome 2*, 2024.
Konin AKA, *Les instruments et genres musicaux traditionnels en Côte d'Ivoire. Tome 1*, 2024.
Danièle DARLAN, *Protéger la constitution quoi qu'il en coûte. Une vision pour la Cour constitutionnelle de la République centrafricaine*, 2024.

Charles Zagoh

LE FRANC CFA : UNE MONNAIE EN DÉBAT

L'Harmattan

Du même auteur

L'intérêt et la bonne foi :
Revue Banque et Stratégie n° 255 janvier 2008 p. 24 à 29.

Le financement de projet : nécessité d'une redéfinition du cash flow :
Revue de Droit des Affaires Internationales. RDAI n°1 février 2010 p. 57 à 62

Une garantie de l'affectation des fonds dans les montages de financement de projet : la lettre de change :
Revue de Droit des Affaires Internationales. RDAI n° 2, 2011 p. 195 à 202

Le long terme : facteur de risques dans les montages et ensembles de contrats,
Revue Banque et Droit n° 147 janvier - février 2013 p. 8 à 17

La Maîtrises des risques dans les financements de projets
Édition ANRT Lille www. Antheses.com.fr Discipline : Droit privé / Droit bancaire, comptabilité, bourse. 458 pages

5-7, rue de l'École-Polytechnique ; 75005 Paris

http://www.editions-harmattan.fr

ISBN : 978-2-336-48226-2

EAN : 9782336482262

Résumé

Jamais une monnaie africaine n'a suscité autant d'intérêts, déchaîné les passions, divisé, voire être l'objet de curiosité que ne l'est le franc CFA, à en juger le nombre d'ouvrages qui lui est consacré tant en français qu'en anglais. Les grands quotidiens français, les hebdomadaires, les revues spécialisées ne sont pas en reste et traitent invariablement le sujet.
Force est d'ailleurs de constater que le débat sur le franc CFA resurgit et est sans cesse alimenté à l'occasion des conférences des chefs d'État africains, des conseils des ministres des pays membres, et particulièrement à l'occasion du sommet annuel sur le franc CFA entre la France et les pays de la zone franc.
Une chose est sûre, le franc CFA interpelle et ne laisse personne indifférent à divers titres : d'abord les origines lointaines et particulières de cette monnaie, notamment le mécanisme et la stratégie originaires qui la sous-tendent, qui n'ont pas varié et sur lesquels le temps n'a pas prise. Ensuite le fait qu'il est unique au monde, vestige de l'empire colonial français avec aujourd'hui une représentation géographique significative de quatorze pays d'Afrique de l'Ouest, du Centre et d'un pays du pacifique.
Enfin sur les liens particuliers qui unissent les pays de la zone franc et la France à cette monnaie.

Le franc CFA est une monnaie qui s'est adaptée à son nouvel environnement, aux évolutions politique, géopolitique et sociologique pour faire l'objet d'un contrat de coopération entre la France et les pays de la zone franc depuis maintenant cinquante ans. Une situation qui accentue les interrogations, ravive le débat sur le devenir et l'avenir de cette monnaie avec ce contrat de long terme.

Face à ces interrogations, sans prétendre être la solution, ni la réponse, mais simplement une autre approche de la situation sous l'angle du droit, l'ouvrage sur la base juridique du contrat de coopération monétaire, entre la France et les pays de cette zone, traite du temps et du long terme, de ses effets, de ses conséquences sur le contrat de coopération monétaire du même nom, avec *in fine* l'application de la règle du *rebus sic stantibus* pour une renégociation du contrat de coopération qu'il propose pour l'adapter à la situation et aux circonstances nouvelles. Le projet initial de la CEDEAO d'une monnaie unique l'Éco, puis le remplacement pur et simple du franc CFA ouest-africain dans la zone UEMOA sans cesse repoussé, viennent renforcer et confirmer le *rebus sic stantibus.*

Introduction

Naguère franc des colonies, puis franc des colonies françaises d'Afrique et du pacifique, franc de la communauté française d'Afrique, aujourd'hui franc de la communauté financière Africaine émis par la Banque Centrale des États de l'Afrique de l'Ouest (BCEAO) pour la zone UEMOA (Union Économique et Monétaire Ouest-Africaine), UEMOA qui s'est substituée en 1994 à l'UMOA (Union Monétaire Ouest Africaine). Franc de la coopération Financière en Afrique centrale émis par la Banque Centrale des États de l'Afrique Centrale (BEAC) pour les pays de l'Union Douanière et Économique d'Afrique Centrale (UDEAC) (grossie en 1985 de la Guinée Équatoriale). Franc comorien émis par Banque Centrale des Comores (BCC). Le franc qui réunit quinze pays d'Afrique et un du pacifique (PAZF) est une monnaie unique au monde, vestige de la colonisation. Il ne laisse personne indifférent dans le monde, en Afrique et particulièrement dans les pays concernés.

Il est même l'objet et au cœur de vifs débats tant des économistes, des spécialistes de la monnaie, des politiques que des africains eux-mêmes. Les raisons de ce vif intérêt autour de cette monnaie sont diverses et variées, voire multiples. Toujours est-il qu'on peut les ramener globalement à deux points :

D'abord et d'une manière générale, la place de la monnaie dans la vie des peuples et des nations depuis les origines et au cours de l'histoire. La place et le rôle de la monnaie dans le monde et dans l'économie mondiale, sans oublier que tout ce qui touche à la monnaie est souvent très technique, complexe, délicat et même digne d'intérêt.
Ensuite et surtout comme ici, les zones monétaires qui intéressent les économistes avec la formation des unions monétaires, intérêt relancé depuis quelques années et accentué par l'avènement de l'euro et la création d'une zone du même nom. Ce vif intérêt par-delà les questions et les interrogations sur la monnaie et les zones monétaires, pose par ricochet et

particulièrement le problème de l'évolution du franc CFA et celle de cette zone monétaire (Titre I).

Une zone monétaire qui a évolué depuis sa création et qui s'est donnée une nouvelle base juridique avec la signature en 1973 d'un accord de coopération monétaire entre la France et les pays de la zone franc. Un contrat de coopération monétaire de long terme qui dure depuis cinquante ans et qui a subi comme tous les contrats de ce type, l'effet du temps et du long terme. Ce qui n'est pas sans conséquence et sans effet sur l'économie de ce contrat et qui pose le problème non seulement de l'avenir de cette monnaie et de cette zone monétaire (un thème objet de multiples interrogations, de débats, de colloques et symposiums en Afrique) mais aussi et surtout celui spécifique et plus complexe du temps et du long terme sur le franc CFA à travers ou avec ce contrat de coopération monétaire, le long terme dans l'exécution de ce contrat de coopération, en somme le long terme et le contrat de coopération monétaire (Titre II).

Titre I - L'évolution du franc CFA

Le franc CFA est une monnaie de référence de l'empire colonial français à la moitié du XIX° siècle. L'histoire récente du franc CFA nous apprend que l'expression zone franc est apparue en 1939 à l'occasion d'une redéfinition des rapports monétaires entre la France métropolitaine et l'outre-mer.
Le franc CFA est né le 26 décembre 1945, jour où la France a ratifié les accords de Bretton Woods.[1]

Avec l'accession à la souveraineté, certains États autrefois sous tutelle française sont sortis de la zone franc. Le Liban et la Syrie, le Vietnam, le Laos et le Cambodge, le Maroc, la Tunisie et l'Algérie, la Guinée. Ce fut aussi le cas en 1973 de la Mauritanie et de Madagascar.
Dans sa configuration actuelle, la zone franc regroupe quinze pays d'Afrique et du pacifique (APZF) : Le Bénin, le Burkina Faso, la Côte d'Ivoire, la Guinée-Bissau, le Mali, le Niger, le Sénégal, le Togo qui constituent l'Union Économique et Monétaire Ouest Africaine (UEMOA) dont l'Institut d'émission est la BCEAO (Banque Centrale des États de l'Afrique de l'Ouest)

---

[1] Les accords de Bretten Woods tirent leur nom de la ville du New Hampshire (États-Unis) où se réunit en juillet 1944 une conférence monétaire internationale regroupant 44 États. Ces accords ont mis en place le système monétaire international (SMI) tel qu'il a fonctionné jusqu'en 1971. C'est à Bretton Woods que furent créés le Fonds monétaire international (FMI) et la banque internationale pour la reconstruction et le développement (BIRI)
Le SMI mis en place à Bretton Woods était un système de taux de changes fixes (mais éventuellement ajustables au moyen de dévaluations et de réévaluations) dans lequel le cours de chaque monnaie ne devait varier que de + ou – 1% autour de la parité officielle définie en or ou en dollar. Cette stabilité était assurée par les interventions régulatrices des banques centrales. Les accords de Bretton Woods attribuaient de fait au dollar une suprématie dans l'économie mondiale.
En 1971 la décision des États-Unis de suspendre la convertibilité en or du dollar ouvre une crise aigüe du système de Bretton Woods qui a débouché sur le passage au flottement des monnaies en 1975.
A. Beitone, A. Cazorla, E. Hemdane, « *Dictionnaire de science économique,* » 5° édit.2016, Armand Colin p. 42

Le Cameroun, la Centrafrique, le Congo, le Gabon, la Guinée Équatoriale et le Tchad qui constituent la Communauté Économique et Monétaire de l'Afrique Centrale (CEMAC) dont l'Institut d'émission est la Banque des États de l'Afrique Centrale (BEAC). La République Islamique des Comores dont l'Institut d'émission est la banque Centrale des Comores (BCC) qui émet le franc comorien.

Quant à la genèse de cette monnaie, l'histoire nous apprend également que nous avons à faire à une monnaie des colonies, créée par les allemands pour les territoires occupés d'Europe et de leurs colonies, puis reprise à la fin de la deuxième guerre mondiale dans son mécanisme et son fonctionnement par les français, eux aussi anciennement occupés par l'Allemagne, pour leurs territoires d'Afrique (Chapitre I).

C'est donc à une monnaie imposée par ses initiateurs dans l'un et l'autre cas à laquelle nous avons à faire. Ce qui lui confère un caractère arbitraire et léonin. Une monnaie dont le mécanisme ainsi reconduit en Afrique a résisté, somme toute à l'effet du temps, aux événements géopolitiques, à la conjoncture socio-économique jusqu'à paraître anachronique à bien des égards et sur certains points (Chapitre II).

Toujours est-il que par-delà et avec son mécanisme, sa structure de base qu'elle a gardée, cette monnaie s'est tout de même adaptée à son nouvel environnement africain à l'occasion des indépendances à travers de nouveaux organes et de nouvelles institutions financières (Chapitre III).

Une monnaie qui s'est donnée une nouvelle base juridique avec la signature en 1973 d'un accord de coopération monétaire entre la France et les pays de la zone franc. Un accord de volontés assis sur quatre principes fondateurs, véritables piliers de ce nouvel accord (Chapitre IV).

Chapitre I - Les origines du franc CFA

A - Une monnaie d'occupation

Vestige par essence de la monnaie d'occupation[1] émise par l'Allemagne en 1939 dans les territoires conquis et occupés, notamment en France entre 1939 et 1944, car les allemands dès l'occupation de la France et des pays d'Europe inventèrent des monnaies locales (Deutsch des territoires occupés) qu'ils associèrent au vrai Deutsch mark (monnaie allemande de l'époque).
Vestige de la monnaie des colonies françaises d'Afrique héritée de ses créateurs originaires, et remise à jour dans les colonies d'Afrique, à la fin de la guerre (1945). La France ayant exactement copié le mécanisme monétaire de l'Allemagne nazie qu'elle a appliqué à ses colonies d'Afrique.

Survivance enfin du colonialisme pour les uns, cette monnaie est d'une manière intrinsèque et de l'avis des spécialistes, une ingénieuse stratégie et une habilité monétaire dont le mécanisme n'a pas été imaginé par les français. C'est un procédé qui leur a été appliqué par les allemands lorsque la France était sous occupation entre 1939 et 1944.

Le mécanisme et le procédé de cette monnaie reposent sur des accords commerciaux par voie de compensation, le clearing. « Accords de commerce en vertu desquels le produit des exportations est affecté au règlement des importations de manière à atteindre l'équilibre de changes entre les contractants. »

---

[1]On appelle monnaie d'occupation, une monnaie (devise) émise par un État dans les territoires d'un autre État occupés par le premier. Les monnaies de ce type sont généralement émises en temps de guerre ou dans une période d'après-guerre lors de la libération de territoires alliés.

Historiquement, les accords de clearing, presque toujours bilatéraux sont apparus au lendemain de la crise de 1929. Ils ont permis de mettre fin aux mesures de contingentement unilatéral et assurer sur une base, il est vrai réduite, le maintien du commerce international. L'Allemagne a conclu des accords de clearing avec la France, la Grande Bretagne, la Suisse et les pays des Balkans.

Mais ces accords présentent de graves inconvénients, l'égalité de la valeur totale des importations et des exportations entre les deux pays, nécessaire à leur compensation intégrale n'est jamais atteinte.
D'autre part, les accords de clearing sont généralement passés sur la base des taux de change officiels qui peuvent être très différents de ceux qui s'établiraient sur des marchés libres. Le pays dont le taux est surévalué est favorisé par l'accord. L'Allemagne a pu ainsi « exploiter » avant la guerre, les pays balkaniques qui étaient dans sa dépendance pour leurs échanges extérieurs. Les accords de clearing franco-allemand illustrent ces difficultés.

La France avait signé en 1932 dans l'espoir de développer ses exportations et sauvegarder les intérêts des porteurs des emprunts Dawes et Young.
A partir de 1934, l'Allemagne intensifiant les achats de matières premières nécessaires à son réarmement, a importé beaucoup plus que la France qu'elle n'y a exporté et l'arriéré de clearing s'est accumulé au détriment de la France : l'accord dut être interrompu en 1936.
Son renouvellement fut imposé en novembre 1940. L'Allemagne en guerre a acheté de 1940 à 1945 à la France beaucoup plus qu'elle ne lui a vendu, sur la base d'un taux de change arbitraire. L'arriéré de clearing intégralement financé par le Trésor français. »[1]

---

[1] Y. Bernard J. Cl. Colli, *Dictionnaire économique et financier,* Seuil 1996. p. 338

Ce sont sur ces bases arbitrairement imposées par l'Allemagne, plein de finesse, d'astuce, de roublardise, un brun cynique avec un sens aigu de la stratégie monétaire que fonctionna le clearing franco-allemand. Ce qui n'a d'ailleurs pas échappé aux critiques acerbes du côté français.

« Pour piller les biens de la France, l'Allemagne avait d'abord initié un tribut qui sous prétexte de faire face aux frais d'entretien de son armée d'occupation, lui laissait un excédent considérable. Elle se créait ainsi des disponibilités qui lui permettaient de se procurer sans bourse délier tout ce qu'elle jugeait bon de s'approprier.

Mais elle n'entendait pas en rester là. Son intention était d'organiser sous des apparences commerciales l'exportation chez elle, à peu près gratuitement, de toutes les richesses françaises dont elle croirait avoir besoin.

Pour réaliser ce dernier projet, elle imagina d'instituer un accord de compensation franco-allemand qui, à la vérité, n'aurait d'accord que le nom et mettrait la production française à sa merci.

Lorsque deux pays décident de régler leurs relations commerciales par voie de compensation, ils créent un clearing, c'est-à-dire un organisme chargé d'équilibrer leurs créances et leurs dettes respectives. Le clearing dispose chez l'un et l'autre des deux pays du montant réciproque des importations et des exportations. Il compense le prix des uns avec le produit des autres et évite ainsi tout échange de monnaies nationales.

Mais encore faut-il pour qu'il puisse fonctionner, qu'il soit également approvisionné dans l'une et l'autre de ces monnaies ; c'est-à-dire que l'ensemble des échanges commerciaux et financiers qui lui est confié soit de valeur équivalente pour chacune des deux parties. Dans le cas contraire l'institution d'un clearing ne saurait même pas se concevoir.

On va voir comment l'Allemagne se soucia peu de respecter ces conditions fondamentales.

...Dès leur invasion de la France, les allemands n'avaient pas perdu le temps pour prospecter son industrie et lui passer d'importantes commandes. Ils avaient immédiatement pris contact, notamment avec l'industrie de l'aluminium, de l'aviation, de l'automobile et de l'armement. Comment allaient-

ils payer tout ce qu'ils se disposaient à acheter ? On commençait à s'en inquiéter quand les allemands apportaient la solution.
Le 8 août 1940, en effet, alors que Hemmen remettait au général Huntziger sa terrible note sur les frais d'occupation, il lui en faisait parvenir une autre, non moins monstrueuse, qui était un projet de règlement franco-allemand de payements par compensation. Voici quelles étaient les principales dispositions de ce projet.
D'abord, l'accord était passé entre, d'une part, le Reich allemand y compris les territoires à l'Est (c'est-à-dire les territoires polonais), Dantzig, Eupen-Malmédy et Moresnet, mais à l'exclusion du protectorat de Bohême-Moravie ; et d'autre part, la France occupée et la France non occupée, y compris les colonies françaises, les protectorats et les territoires africains sous-mandat français.
Devaient être réglées par compensation :

- *D'Allemagne vers la France, les importations de marchandises en Allemagne*
- *De la France vers l'Allemagne : les importations de marchandises d'Allemagne en France.*

Quant au mécanisme de règlement, il était prévu ainsi :
En Allemagne, les versements seront effectués en reichsmark, à deux comptes différents : Frankreich A et Frankreich B, suivant qu'il s'agira de la France occupée ou de la France non occupée. Ces comptes seront ouverts à la caisse allemande de compensation (Verrechnungskasse) de Berlin, correspondante de l'Office de compensation français de Paris.
L'Office de compensation de Paris procédera immédiatement à des payements équivalents aux dépôts en reichsmark versés à Berlin.
Du côté français, l'office de compensation effectuera les payements destinés à l'Allemagne par libre disposition de ses avoirs aux deux comptes Frankreich A et Frankreich B.
Des virements pourront être effectués de l'un à l'autre de ces deux comptes par l'office français de compensation, mais avec l'autorisation des autorités allemandes. Celles-ci exigeront de tels transferts, notamment lorsqu'il s'agira d'obliger les

débiteurs français à donner satisfaction à des exigences allemandes... »[1]

1 - Le taux de change entre le mark et le franc (le mark à 20 francs)

En comparant les prix en Allemagne et en France, ils situaient le mark aux alentours de 9 francs en août 1939 et de 10 ou 11 francs en juin 1940. Mais l'Allemagne a fixé arbitrairement et unilatéralement le cours du mark à 20 francs, loin de la parité réelle des deux monnaies.
Une manipulation délibérée et unilatérale du taux de change pour s'octroyer un pouvoir d'achat exorbitant et s'assurer une facile exploitation des richesses locales avec pour conséquences l'enrichissement de Reich et l'appauvrissement automatique de la France.
La parité de 20 francs choisie et imposée par les vainqueurs n'était donc que l'expression d'une politique délibérément punitive à l'encontre de la France défaite et seul bénéfice de l'Allemagne. En s'octroyant un pouvoir d'achat exorbitant en pays conquis, les envahisseurs s'assuraient une facile exploitation de toutes les richesses locales.
Le mark à 20 francs qui doublait pour le moins le pouvoir d'achat des allemands, assurait l'enrichissement automatique du Reich et l'appauvrissement de la France. Il créait une prime à l'exportation sans contrepartie.[2]

« L'Allemagne nazie s'est attribuée *ex nihilo* un pouvoir d'achat exorbitant qui lui permis d'acquérir à vil prix des richesses de la France vaincue avec laquelle elle a réalisé des échanges commerciaux volontairement déséquilibrés. Donc en manipulant le taux de change en sa faveur, l'Allemagne a volontairement vicié le principe fondamental du clearing

---

[1] Pierre Arnoult, « *Les finances de la France et l'occupation allemande, 1940-1944* », Puf. 108 Bd de St Germain Paris

[2] R. Sédillot op. cit. p 102

normal pour mieux exploiter et appauvrir méthodiquement, aussi longtemps que possible la France sous occupation. »[1]

Le système taux de change arbitraire se doublait d'une innovation majeure : les caisses spéciales de crédit.
Les allemands payaient avec des billets qu'ils avaient émis eux-mêmes ou que leur versait le Trésor français au titre des frais d'occupation. « Ils n'avaient que la peine de fabriquer ou de recevoir ce papier et de le remettre contre livraison de marchandises.
Les allemands n'apportaient pas seulement dans leurs bagages une ruineuse équivalence de change. Ils importaient des billets imprimés par leurs soins, libellés en mark et auxquels ils conféraient cours légal dans les territoires occupés.

Mais le mark ainsi introduit en France n'était pas le mark qui circulait en Allemagne. Les billets ne provenaient pas de la Reichsbank qui fuyait les risques d'inflation et ne se souciait pas d'alimenter en papier les territoires envahis. Les seules coupures valables en France étaient émises par des caisses spéciales dites Reichskrditkassen. » Ces caisses de crédit et ces billets étaient encore une innovation allemande.
Si l'on en croit le verordnungshlatt, c'est dès le 3 mai 1940 que les autorités allemandes ont prévu l'émission des caisses de crédit du Reich : le 3 mai, soit sept jours avant le début de l'offensive sur le front d'occident

> ORDONNANCE DU 3 MAI 1940
> (Verordnungsblatt n °1, du 4 juillet 1940)
> I – 1° Pour approvisionner les troupes allemandes et les autorités administratives allemandes, au Danemark, en Norvège, en Belgique, en France, au Luxembourg et aux Pays–Bas, de moyens de paiement, et pour maintenir les transactions et la vie économique de ces territoires, des billets et des monnaies des Reichskreditkssen pourront être émis.

---

[1] N. Agbohou « *Le franc CFA et l'euro contre l'Afrique,* » édit. Solidarité Mondiale 1998 p. 76

2° l'émission sera opérée par l'administration centrale des Reichskreditkassen, qui a son siège à Berlin.

VII – les billets des Reichskreditkassen seront émis pour des montants de 50, 20, 5, 2 et 4 Reichsmark et 50 Reichspfennigs. Les monnaies des reichs kreditkassen seront émises pour des montants de 10 et 5 Reichspfennigs.

2 - L'exclusion des transferts financiers et le contrôle des changes

Par opposition aux transferts d'origine commerciale, les transferts financiers sont ceux qui ont trait aux titres de crédit, valeurs d'emprunt, placements mobiliers et immobiliers, participation de toute nature dans les affaires privées, ainsi qu'aux revenus qui en dérivent.

Le contrôle devait nécessairement s'inspirer de la rigueur de contrôle allemand. En zone occupée, les ordonnances Militärbefehlshaber se superposaient aux textes français. Dans l'ensemble du pays le contrôle changeait de caractère.

Le contrôle tendait à s'insérer dans un système totalitaire d'économie dirigée.

La convention d'armistice coupait la France en deux. Son paragraphe 17 précisait que « le gouvernement français s'engage à empêcher tout transfert de valeur à caractère économique et de stocks du territoire à occuper par les troupes allemandes dans le territoire non occupé ou à l'étranger.

Il ne pourra être disposé de ces valeurs et stocks se trouvant en territoire occupé qu'en accord avec le gouvernement du Reich. »

Dans la zone occupée, les allemands créèrent un office de surveillance des banques (ordonnance du 22 juillet 1940) habilité à examiner toutes les encaisses, tous les livres, tous les bilans, à empêcher éventuellement les remboursements, à interdire toutes opérations.

Entre temps, d'importantes mesures furent prises à l'encontre des capitaux. Tous les coffres forts loués par les banques à leur clientèle avaient été bloqués dès juin 1940 ; ils furent rendus à partir de septembre 1940 à la libre disposition de leurs locataires, qu'après leur ouverture par un représentant des autorités d'occupation et après mise sous séquestre de l'or et des valeurs étrangères qu'ils pouvaient contenir.
Les coffres dont les locataires ne se présentèrent pas avant le 31 janvier 1941 furent fracturés par les délégués du devisenschutzkommando (lettre du Deviseur).

Un double contrôle fut ainsi imposé aux capitaux et parfois une double interdiction : il fallut pour certains transferts, obtenir simultanément l'agrément de l'office des changes et celui des autorités d'occupation.
Dans le cas où les deux règlements se contredisaient, et par exemple en cas de doute sur la qualité du « résident » et de « non résident » en matière de comptes étrangers, il appartenait aux seules autorités allemandes de trancher le litige.

Les ordonnances allemandes en date des 10 mai 1940, 14 août 1940, 11 août 1942, interdirent l'importation de l'or et des capitaux vers l'étranger, mais autorisèrent l'envoi de valeurs étrangères à destination du Reich et des territoires européens occupés.
Elles tolérèrent la sortie des moyens de paiement jusqu'à concurrence de 10 marks.
Elles s'opposèrent à l'importation et à l'exportation des billets de la Reichsbank. Elles prohibèrent l'achat et la vente de l'or et toute opération sur les valeurs étrangères.
Elles punirent non seulement la fraude et la tentative de fraude, mais aussi l'intention de fraude.
Elles bloquèrent les comptes des ressortissants de tous les pays avec lesquels l'Allemagne était en guerre.

3 - Les avances de l'office de compensation

Le 14 novembre 1940 fut signé à Wiesbaden un accord de compensation qui ratifia sans tarder un décret du 16 novembre publié à l'officiel du 19 et complété par des instructions du 6 décembre.
Accord de compensation pour les paiements franco-allemand du 14 novembre 1940
Art 1° Entre le Reich allemand, d'une part ; et la partie du territoire français occupée par les troupes allemandes, ainsi que la partie non occupée de la France, y compris les colonies françaises, les protectorats et les territoires africains sous mandat français, d'autre part ; un système de règlement par compensation est institué, avec mise en application immédiate.
Art 5 – Pour la conversion des engagements des débiteurs allemands en monnaie française et pour la conversion des engagements des débiteurs français en monnaie allemande, le coût à appliquer est de 1 R M = 20 francs.
Art 6 – le présent accord est valable pour la durée de l'armistice. Il peut être dénoncé du côté allemand avec préavis d'une semaine pour la fin de chaque mois.

Mais ce qui est particulièrement grave, c'est que les allemands ne s'inquiétaient nullement d'un déséquilibre éventuel du clearing ; et par un moyen très simple, prévoient comment il y sera fait face aux frais de l'office de compensation français.
En effet, le texte précise que, dès le versement en marks à Berlin, par les importateurs allemands du montant de leurs acquisitions en France, l'office de compensation français devra verser aux exportateurs français, en franc, la valeur de leurs expéditions.

Il n'y aura lieu de se préoccuper de savoir si l'office de compensation français possède les francs disponibles, c'est-à-dire s'il a reçu des acheteurs français en Allemagne des francs en quantité suffisante. De toute manière il devra payer.
Autrement dit, il financera ses limitations, les exportations vers l'Allemagne des produits français. Car rien ne retiendra les exportateurs français dans leur tentative d'expédier vers

l'Allemagne le plus de marchandises possibles, certains qu'ils seront payés immédiatement en franc. Une telle disposition est inadmissible.
En résumé, il est aisé de voir que l'ensemble des propositions allemandes visent au même but : permettre au Reich de procéder à des achats massifs en France [1] dans des conditions ruineuses pour le peuple français. Voici ce que disait René Sédillot à propos de ce texte.

Ce texte avait la plus large portée : il valait non seulement pour le règlement des importations et des exportations mais aussi pour tous les paiements des services, d'assurance des salaires, des droits d'auteur et de licence.
Le cours de change consacré par l'accord était celui-là même que les allemands avaient imposé dans la France occupée :
1 mark = 20 francs.
Les autorités françaises n'acceptaient pas de gaîté de cœur de rendre ce taux bilatéral « la position politique de la France ne lui a toujours pas permis de discuter librement sa parité monétaire » écrivait plus tard le ministre français des finances Bouthillier.
« L'accord » exprimait plus les volontés du Reich que les désirs français. Au reste sur certains points, il ne tenait pas la balance égale entre les deux parties : c'est ainsi qu'il visait les transferts de capitaux et de revenus de la France vers l'Allemagne, mais non pas de l'Allemagne vers la France.
« Il est aisé de voir que l'ensemble des propositions allemandes vise au même but : permettre au Reich de procéder à des achats massifs en France dans des conditions ruineuses pour la France. »[2]
Le ministre français des finances Pierre Cathala résume le fonctionnement de clearing et en donne les résultats qui sont favorables à l'Allemagne et désastreux pour la France.

---

[1] P. Arnoult op. cit.

[2] Pierre Arnault, « *Les finances de la France et l'occupation allemande 1940-1944* » puf. 108 Bd St Germain Paris

« En vertu d'un accord intervenu en 1940, la France finance des exportations faites à destination de l'Allemagne. Ça veut dire que chaque fois qu'une usine travaille pour le compte de l'Allemagne, elle est créancière de l'État allemand auquel elle fait des fournitures, mais en fait c'est le Trésor français qui fait les avances nécessaires en franc français. Nous supportons les charges des exportations industrielles ou commerciales faites à destination de l'Allemagne. En contrepartie nous avons un crédit en Allemagne en mark. Ce crédit, nous ne pouvons en disposer que pour les paiements à faire à l'Allemagne, donc des charges supplémentaires pour notre trésorerie. Pour 1943, l'avance faite pour le clearing a pris des proportions inquiétantes. Alors que dans le courant des années précédentes, les sommes versées s'établissaient à deux ou trois milliards par mois, en septembre 1943, les avances ont atteint la somme de 7 milliards par mois. Les avances faites depuis octobre 1940 s'établissaient à la somme globale de 115 milliards ; vous pouvez compter pour 1943 que le trésor français supportera de ce fait une charge supplémentaire de 60 milliards. »[1]

Avant la guerre, les français considéraient avec mépris les accords de compensation, le refuge des nations pauvres en devises : elle n'en concluait qu'accidentellement et faute de mieux. La défaite l'invite à reconsidérer son attitude.
Elle était elle-même passée au rang des nations démunies et le blocus des mers tendait à lui interdire tout commerce hors du continent. Précisément sur ce continent, l'Allemagne lui tendait les bras, mais c'était pour l'étouffer.

---

[1] Pierre Cathala, *Face aux réalités la direction des finances françaises sous l'occupation 31 mars 1948* pp. 226-227-228

B - Une monnaie des colonies françaises d'Afrique

La fin de la deuxième guerre mondiale sonna non seulement le glas mais aussi et surtout la fin de la monnaie d'occupation en France, au grand soulagement des autorités françaises et de leur économie ; à preuve les virulentes critiques dont cette monnaie a été l'objet.
Une monnaie qualifiée volontiers de forme de pillage et de méthode de rapine subtile et fructueuse par le français René Sédillot dans son ouvrage le franc enchaîné écrit en 1945.
« Avec les siècles, les formes du pillage sont devenues plus savantes. Les anciens germains dévastaient en toute simplicité les pays qu'ils avaient conquis. Leurs descendants en 1940 ont recouru à une méthode de rapine plus subtile et plus fructueuse : ils ont mis le mark à 20 francs. »[1]

Mais paradoxalement, toutes les critiques acerbes n'ont pas découragé, encore moins empêché, loin s'en faut, que cette monnaie et le mécanisme qui l'accompagne, soient reproduits à l'identique comme un clone et reconduits dans les colonies françaises.
Ainsi ceux qui, hier ont souffert et subi les foudres, les méfaits et les conséquences désastreuses de cette monnaie, l'ont reproduit à l'identique et reconduit dans les moindres détails dans leurs colonies, remplaçant dans les territoires conquis les initiateurs originaux dans la mise en œuvre de cette stratégie monétaire ; devenant à leur tour les nouveaux maîtres d'un mécanisme longtemps subi et décrié avec tout le « bénéfice » qui s'en suit : pouvoir d'achat exorbitant permettant d'acquérir à vil prix les richesses des colonies, exploitation, pillage etc. Certains auteurs n'ont d'ailleurs pas hésité à parler de transmutation à cet effet. « La transmutation par laquelle la France d'opprimée et exploitée par l'Allemagne hitlérienne est

---

[1] René Sédillot, *Le franc enchaîné, Histoire de la Monnaie française pendant la guerre et l'occupation,* Librairie du Recueil Sirey, 12 rue Soufflot Paris V 1945, P 103

devenue oppresseur et exploiteuse de l'Afrique en usant du nazisme monétaire. »[1]

Il faut bien admettre que l'idéologie qui sous-tend la colonisation, c'est-à-dire le précepte de conquête, d'occupation de nouvelles régions, d'exploitation des ressources de la zone et éventuellement sa mise en valeur, est en adéquation avec le mécanisme, la stratégie, l'esprit de cette monnaie. Une monnaie des colonies créée par les allemands pour les territoires occupés d'Europe sous tendue par l'arbitraire, l'unilatéralisme à l'instar de la stratégie et de la politique d'occupation, d'accaparement et de mainmise qui sous-tendent aussi la colonisation. Il n'est donc pas étonnant que cette monnaie et la stratégie qui l'accompagnent, soient introduites et soutenues dans les colonies.

Toujours est-il que, *quae sunt Caesaris, Caesaris,* rendons à César ce qui est à César, l'inventeur de ce système n'est rien d'autre que l'Allemagne nazie, avec tout ce que recouvre et sous-entend ce régime d'une manière générale, et en prime toutes les conséquences désastreuses et ruineuses que ce procédé a entraînées sur l'économie française durant toute cette période (1939-1944).

La question de fond qui se pose est de savoir pourquoi un système aussi ruineux pour la France et pour son économie sous l'occupation a-t-il été reconduit tel quel et mis en place dans les colonies françaises d'Afrique ? l'esprit de domination, d'exploitation qui a guidé les allemands à cette époque n'était-il pas le même que celui qui a conduit la France à reconduire ce même système en Afrique dans ses colonies ? à moins de considérer que les affaires sont les affaires, les intérêts sont les intérêts et qu'en la matière les considérations d'ordre morale, éthique et sentimental n'ont pas leur place et que seuls priment et prévalent les intérêts ; si bien, qu'à bien des égards et y

---

[1] Nicolas Agbohou, « *Le franc CFA et l'euro contre l'Afrique,* » édit. Solidarité du mondiale, 1999, p.

regarder de plus près, ce mécanisme monétaire reconduit tel quel à l'aune du 21° siècle est empreint d'un anachronisme évident.

Chapitre II - L'anachronisme monétaire

Anachronique : du grec *ana* en arrière, *kronos* temps. On emploie souvent ce terme pour désigner quelque chose ou une situation qui n'est pas en adéquation avec le temps, qui est d'un autre temps, qui appartient à une autre époque.
Nous sommes au XXI° siècle, au troisième millénaire naissant. Nous partons du principe que l'histoire et les valeurs de l'époque dans laquelle nous vivons doivent être en adéquation avec ce siècle.
Est-ce le cas du franc CFA ? Plusieurs faits accréditent malheureusement la thèse contraire.

De l'avis de spécialistes de la question monétaire, la zone franc constitue un espace monétaire unique au monde. Ce que décrit parfaitement Yacouba Fassassi dans son ouvrage : « La zone franc et sa monnaie le franc CFA constituent le seul système monétaire colonial à avoir survécu à la décolonisation. La mise en place progressive de ce système est le choix stratégique de la France mettant l'entreprise de colonisation au service des intérêts économiques français. La puissance coloniale exploite les matières premières des colonies pour alimenter l'industrie française et utilise les colonies comme débouchés pour les produits français. Après la création du franc CFA en 1945, la France garde la mainmise sur la politique monétaire de la zone franc dont les pays subissent des choix économiques et monétaires dictés par les intérêts français. La France va même jusqu'à décider unilatéralement de la dévaluation du franc CFA en janvier 1994. Et de l'arrimage du franc CFA à l'euro le 1 janvier 1999. » [1]

Comme pour renchérir et confirmer les propos de l'auteur précité, l'acronyme CFA : Colonies Françaises d'Afrique,

---

[1] Yacouba Fassassi, « *Le franc CFA ou la monnaie des pays PMA,* » édit. L'Harmattan, 2013 p. 93

toujours utilisé nous rappelle si besoin est que nous sommes toujours une colonie française.
Il y a aussi les origines lointaines d'une monnaie d'occupation, créée sur un fond de stratégie habile de soumission, de pillage et de rapine sous un voile commercial par ses pères fondateurs l'Allemagne nazie, avec notamment un système de parité fixe, une manipulation de taux d'échange à l'avantage exclusif de l'occupant.
Il y a même plus grave, les fondements de cette monnaie d'occupation sont demeurés en l'état et reconduits comme tels en l'accentuant surtout par la puissance colonisatrice en dépit des changements successifs de la signification de l'acronyme (A). Ainsi seule la forme et les acteurs ont changé, le fond, c'est-à-dire la stratégie, le mécanisme lui-même n'ont guère évolué.

Viennent après, la période, l'auteur et les coauteurs de cette monnaie. Une monnaie créée dans une période d'exception en France par un décret de René Pleven ministre des finances et Jacques Soustelle ministre des colonies et signé par Charles de Gaulle, président du gouvernement provisoire. La création d'une monnaie d'un gouvernement provisoire, d'un président provisoire, d'un ministre des colonies et qui dure. En somme, toute l'œuvre d'un organe provisoire sur lequel le temps n'a pas prise.

Enfin le contexte géopolitique sous tendu par la notion d'indépendance et la souveraineté monétaire qui a suivi sans réel impact sur le maintien et la situation de la monnaie. Nous sommes dans un contexte particulier, celle d'une indépendance dans la colonie, avec cette monnaie qu'on pourrait volontiers qualifier de monnaie coloniale indépendante (B).

A - La reconduite du mécanisme et du procédé d'une monnaie d'occupation dans les colonies françaises d'Afrique

A la vérité, le franc des colonies d'Afrique n'est pas une création française. Le procédé et le mécanisme ont été conçus par Herman Goering ministre de l'économie d'Hitler et appliqués aux territoires conquis par les troupes allemandes avec deux objectifs : soumettre et piller, avec pour principale caractéristique une manipulation du taux de change à l'avantage exclusif de l'Allemagne.
Parce qu'elle était de loin le plus gros des territoires conquis par l'Allemagne, la France a subi ce système monétaire allemand avec beaucoup plus de rigueur que les autres territoires eux aussi conquis par l'Allemagne comme la Belgique et la Pologne. Ce qui ne l'empêchera pas de reproduire et de reconduire le même système dans ses colonies.

Ainsi, une fois libéré du joug hitlérien, la France a appliqué intégralement et même en l'accentuant ce mécanisme monétaire à l'Afrique, à ses colonies d'Afrique. Les auteurs parlent volontiers « de transmutation par laquelle la France, d'opprimée et exploitée par l'Allemagne hitlérienne est devenue oppresseur et exploiteuse de l'Afrique en usant du nazisme monétaire »[1] comme déjà rappelé.

Le franc des colonies est donc créé le 25 décembre 1945 par décret signé par le général de Gaulle président du gouvernement provisoire, par René Pleven ministre des finances et Jacques Soustelle, ministre des colonies.
En fait, ils ont au préalable récupéré l'arsenal statutaire de la monnaie que leur a infligé l'Allemagne et qui fut entre autres inclus dans la convention d'armistice signé le 22 juin 1940 entre la France et l'Allemagne vainqueur.[2]

---

[1] N. Agbohou op. Cit

[2] Préface du livre de N. Agbohou

Conscient que la monnaie d'occupation avec son mécanisme basé sur le clearing (mais un clearing édulcoré et utilisé avec tous les inconvénients de cette technique avec une manipulation du taux de change à l'avantage exclusif du conquérant allemand et par conséquent perverti) a enrichi l'Allemagne et appauvri la France occupée ; il est dans l'ordre des choses, voire logique et compréhensible que le même procédé, sous dénomination de monnaie des colonies soit reconduit et mis en œuvre dans les colonies françaises d'Afrique avec cette fois ci la France comme puissance colonisatrice, ne produise pas les mêmes effets.
Pourquoi donc se priver de la poule aux œufs d'or par les temps de pénurie et de difficulté économique au sortir d'une guerre ruineuse avec l'application d'un simple mécanisme monétaire qui peut de surcroît rapporter gros. Plusieurs raisons justifient et renforcent cet état des choses.

D'abord la situation économique de la France.
La France est appauvrie du fait de ce procédé et de ce mécanisme monétaire. Elle veut aussi et surtout rattraper son retard d'avec l'ancien occupant allemand, et à son tour s'enrichir. Elle ne pouvait que reconduire ce mécanisme sur d'autres territoires. Ayant vu comment la stratégie a enrichi l'Allemagne, il est tout à fait dans la logique des choses (les mêmes causes produisant les mêmes effets) qu'elle reprenne à son compte, copie et reproduise un procédé qui a enrichi l'Allemagne et qui plus est, il ne s'agit que d'une simple application dans ses propres colonies, des territoires sous sa domination. L'entreprise est moins risquée, facile et dans l'ère du temps, le contexte géopolitique de l'époque, la colonisation et les relations de colonisateur à colonisé avec l'omnipotence de la puissance colonisatrice.

La France a parfaitement retenu la leçon et expérimenté le mécanisme à ses dépens certes, mais l'a aussi parfaitement intégré. Étant elle-même un pays colonisateur qui possède d'immenses colonies, pourquoi se priverait-elle d'une source importante de revenus et d'enrichissement. Qui plus est, il lui était encore plus facile et plus aisé de reconduire cette monnaie et son mécanisme qui permettaient de rapporter gros, sous un voile commercial sans avoir à faire la guerre comme l'Allemagne.

Même si le mécanisme conçu et appliqué par l'Allemagne nazie de triste mémoire avec toutes les conséquences désastreuses sur la France est d'un temps en arrière et révolu ; ce qu'il rapporte ne vaut-il pas sa reconduite ? la preuve en est faite avec le franc CFA des colonies.
Le lucre et les intérêts priment avant tout dans un tel contexte, même les considérations d'ordre éthique et moral passent en arrière-plan et sont même ignorées. Les intérêts et la morale ne font pas ménage au regard de la situation. Les intérêts n'ont pas prise sur le temps, nonobstant objectivement l'anachronisme de cette monnaie au regard de tout ce qui vient d'être évoqué.

Ensuite le champ d'application : les colonies.
Nous sommes dans un contexte géopolitique bien précis : la colonisation, précisément les colonies françaises, d'immenses territoires que la France a conquis pour étendre sa zone d'influence pour son commerce, son industrie, son économie toute entière et pour s'enrichir. Le but profond des conquêtes coloniales et la finalité de cette monnaie des colonies ne relèvent-ils pas de la même dialectique ?

Tout converge et tout est indiqué pour que la France reconduise cette monnaie dont l'essence même est un but mercantile, commercial et lucratif, référence au clearing qui en est la base comme déjà rappelé. C'est la même logique que la colonisation qui sous-entend cette stratégie monétaire. Tous deux procèdent d'ailleurs de la même philosophie.

Comme hier, la France qui s'était appauvrie sous l'occupation allemande avec ce mécanisme monétaire basé sur le clearing (un clearing perverti et édulcoré), les territoires colonisés d'Afrique à leur tour se sont aussi appauvris du fait de ce mécanisme qui fait tout converger vers la métropole. Cette situation mérite bien qu'on y regarde de plus près et qu'on s'y intéresse.

Ces territoires sont colonisés, occupés à l'instar de la France sous l'occupation allemande. Ils subissent la force et le diktat de la puissance colonisatrice. Ils sont riches en ressources certes, mais appauvris et n'ont pas leur mot à dire pour le commerce et la gestion de ces dernières. Ils subissent. C'est la loi de la conjoncture géopolitique avec la colonisation.

Mais avec le temps, le contexte évolue, et prend une autre tournure. Ces territoires longtemps sous domination coloniale, pillés et appauvris ont acquis leur indépendance politique (une indépendance voulue et octroyée par la puissance colonisatrice). Ils sont devenus autonomes et souverains avec toutes les conséquences, tous les droits et privilèges que leur accorde le droit international, particulièrement le droit des peuples à disposer d'eux-mêmes, une règle de *jus cogens*.[1]

Ces territoires désormais indépendants politiquement et souverains vont-ils continuer de se laisser piller avec ce mécanisme monétaire désormais révolu avec la fin du système colonial dont il est l'émanation ?
Ainsi le franc CFA des colonies par-delà la monnaie, pose ici un problème de fond, celui plus délicat et récurrent de la souveraineté de ces pays.
Il est manifeste que la monnaie renvoie justement à des notions fondamentales en droit international, car depuis les différentes révolutions, seul l'État a le droit de battre monnaie. C'est d'ailleurs un attribut de souveraineté. C'est même le premier acte d'un pays qui accède à l'indépendance.

---

[1] Norme impérative, principes de droit réputés universels et supérieurs qui s'imposent d'eux-mêmes et devant constituer les bases des normes impératives de droit international général. La charte des Nations-unies de 1945 réaffirme le droit des peuples à disposer d'eux-mêmes.

B - Une monnaie coloniale indépendante ou l'indépendance dans la colonie

Colonie, indépendance, de prime abord antinomiques, car là où il y a indépendance il ne peut y avoir colonie, l'un excluant l'autre de facto. Toujours est-il que le CFA a cette particularité de réunir et de conjuguer deux notions que tout oppose dans l'absolu : colonial sur le fond, c'est-à-dire dans ses structures, mécanismes, procédés ; indépendante sur la forme avec l'indépendance politique des pays membres de la zone CFA.
Et d'ailleurs le maintien de l'acronyme CFA colonies françaises d'Afrique est un signe qui ne trompe guère, même si pour la forme, eu égard aux contextes politiques, la signification de l'acronyme a invariablement changé. On a donc eu successivement : le franc des colonies françaises d'Afrique puis le franc des communautés françaises d'Afrique et enfin le franc de la communauté financière d'Afrique. Mais les fondements sur lesquels repose la monnaie n'ont pas changé, loin s'en faut.

Si sur le fond les choses avaient réellement évolué et changé, s'il y avait eu rupture avec le passé colonial, pourquoi cette omniprésence de l'ancienne puissance colonisatrice dans les structures décisionnelles avec un droit de regard permanent et un droit de véto dans les conseils d'administration respectifs. En fin de compte une mainmise sur la politique monétaire de 14 États d'Afrique et un pays du pacifique. Pourquoi alors garder cet acronyme de triste mémoire (la période coloniale) sous divers habillages.
Ne pouvait-on pas trouver un nom simple qui soit en adéquation avec son temps et surtout reflet d'un temps nouveau et d'une aube nouvelle pour cette monnaie. Il y a bien le dinar, le naira, le yen, l'euro etc. Mais le maintien de cet acronyme rappelle si besoin est l'omniprésence, l'omnipotence, la mainmise, la propriété de la France sur cette monnaie qu'elle a créée, qui est sa chose, et surtout que les pays de la zone franc CFA sont toujours des colonies qui ne le disent pas, mais la réalité de fond trahit la forme.

Autonomie, indépendance, souveraineté sont des notions importantes dans la vie et le devenir des États. Il convient absolument de rappeler leurs sens pour mieux comprendre la portée et les conséquences de certains actes et de certaines situations, notamment celles de la monnaie qui pose avec acuité la question de l'indépendance et surtout celle de la souveraineté.

1- L'indépendance politique octroyée

Les pays de la zone franc sont indépendants politiquement. Une indépendance minutieusement préparée et octroyée par la puissance colonisatrice. Ce qui est tout de même rare et unique dans l'histoire coloniale pour être souligné, au regard de toutes les difficiles négociations, de tous les conflits, de toutes les guerres, des luttes d'indépendance et de toutes les indépendances âprement conquises dans l'histoire des peuples colonisés et sous domination à travers le monde.

Et d'ailleurs, bon nombre de pays de l'empire colonial français qui se sont opposés, et ont refusé plus ou moins cette forme d'indépendance se sont attirés les foudres de la puissance colonisatrice qui est entrée en guerre contre les récalcitrants : l'Algérie, l'Indochine, (Vietnam, Laos, Cambodge). Ce qui en dit long sur cette forme unique d'indépendance dans le concert des nations et sur les intentions profondes de la puissance colonisatrice.

Une puissance colonisatrice qui ne voulait pas donner l'indépendance et la souveraineté aux peuples de ses colonies, sauf si ces colonies lui garantissaient les prérogatives et les privilèges dans les domaines clés qu'elle s'attribuait. Une indépendance sous condition sur laquelle elle veillait jalousement.
Cette forme d'indépendance explique surtout et permet de comprendre les relations quasi fusionnelles et les liens étroits qui unissent fortement aujourd'hui ces pays de la zone franc à l'ancienne puissance colonisatrice. Ce qui nous donne une idée précise du modèle français de colonisation qui est plutôt une

exception, une colonisation mercantiliste et d'essence dominatrice ; les colonies sont considérées comme un monopole commercial détenu par la métropole, mieux, il s'agit d'un privilège exorbitant. La France va s'approvisionner dans les colonies en matières premières stratégiques avec la monnaie qu'elle imprime sur son propre territoire.[1]

L'histoire coloniale de cette époque nous apprend d'ailleurs que cette indépendance politique est le fruit de l'aboutissement d'étapes minutieusement préparées par l'ancienne puissance colonisatrice. Il y a d'abord eu l'empire colonial, puis l'union française, la communauté franco-africaine et enfin l'indépendance politique.

Ainsi au moment de la proclamation de la V° République, l'Union française succéda à l'empire colonial français de 1946 et se transforma en communauté française.
Le général de Gaulle revenu au pouvoir en juin 1958 fait adopter en septembre la constitution de la V° République qui transforme l'Union française en une communauté imitée du *Commonwealth* britannique, c'est-à-dire rassemblant en une entité souple l'ancienne métropole et ses anciennes colonies devenues semi- indépendantes.
C'est une fédération présidée par la France (le président de la République) groupant les anciennes colonies et les protectorats.

La communauté est créée officiellement le 4 octobre 1958 avec l'entrée en vigueur de la nouvelle constitution instaurant la V° République.
Article 1. « La République et les peuples des Territoires d'outre-mer qui, par un acte de libre détermination, adoptent la présente Constitution, instituent une communauté.
2. La communauté est fondée sur l'égalité et la solidarité des peuples qui la composent. »
Article 86 : « 1. La transformation du statut d'un État membre de la communauté peut être demandée soit par la République, soit par une résolution de l'assemblée législative de l'État

[1]Y. Fassasi op. cit. p. 71

intéressé confirmée par un referendum local dont l'organisation et le contrôle sont assurés par les institutions de la Communauté. Les modalités de cette transformation sont déterminées par un accord approuvé par le parlement de la République et l'assemblée législative intéressée.
2. Dans les mêmes conditions, un État membre de la Communauté peut devenir indépendant. Il cesse de ce fait d'appartenir à la Communauté. » [1]
Concernant l'Afrique, la constitution prévoit la mise en place d'une communauté composée de la France et des territoires d'outre-mer qui assumeront le titre d'États membres de la communauté.
Les pays africains seront autonomes du point de vue intérieur, tandis que la communauté exercera sa compétence dans les domaines de la défense, des affaires étrangères, de l'économie et des finances, de la gestion des matières stratégiques.
« Ainsi le président de la communauté est de droit le président de la République française. L'interprétation gaullienne fait donc du président français le véritable centre décisionnel de l'ensemble franco-africain. »[2] Une fédération présidée par la France encore bien loin de l'indépendance.

En fait, de Gaulle pose une alternative aux africains : ils doivent choisir entre faire partie d'une fédération (dominée par la France) ou devenir indépendants, dans ce dernier cas toutefois, de Gaulle a prévenu qu'il ne manquera pas de tirer les conséquences de la nouvelle situation et qu'il mettra fin à toutes les aides. D'ailleurs pour bien marquer le fait qu'il s'agit d'un choix en faveur ou contre la France, de Gaulle a voulu que les territoires africains s'expriment sur l'ensemble de la constitution et non sur les seuls titres les concernant.[3]

---

[1] Document de l'INA *Ouverture de la 1° session du Sénat de la Communauté 1959*

[2] Frédéric Turpin, « *de Gaulle, Pompidou et l'Afrique* » *1958-1974*

[3] Guio Magani, « *Sékou Touré et la contestation de l'ordre colonial en Afrique sub-saharienne* » *1958- 1962*

Le pouvoir des États dans le cadre de la communauté ne se milite qu'à l'ordre intérieur. Tous les pouvoirs stratégiques sont dévolus à la communauté, c'est-à-dire à la France qui est toute puissante et qui contrôle tout. Qui plus est, ils doivent se prononcer sur l'ensemble de la constitution de la V° République pour bien signifier leur appartenance, leur soumission à la France et surtout qu'ils se prononcent en faveur ou contre la France. C'est ce qui leur est proposé.

Enfin une alternative et une menace sont posées aux africains par de Gaulle : la communauté ou la sécession avec toutes les conséquences : la fin de toutes les aides. Cela n'est ni plus ni moins qu'une libre interprétation personnalisée et excessive de l'alinéa 2 de l'article 86 de la constitution, car cesser d'appartenir à la communauté, c'est faire le choix de l'indépendance et non contester le bienfondé d'un lien entre la France et ses anciennes colonies.
Et d'ailleurs Sékou Touré ne conteste pas le bien fondé d'un lien spécial entre la France et ses anciennes colonies. Il a défendu à plusieurs reprises cette idée.[1] Mais s'indigne de l'alternative posée par le général de Gaulle : communauté ou sécession.
Tous les États africains consultés en 1958 approuvèrent la constitution de 1958, donc la création de la communauté et en devinrent membres, à l'exception de la Guinée qui accéda à l'indépendance. La Guinée est ainsi le seul pays membre de l'Union française où le « non » l'emporta au referendum.

Face au résultat du vote, la réponse française ne se fait pas attendre. La menace est mise à exécution : le 29 septembre, le gouverneur français informe Sékou Touré qu'à partir du 30 septembre, Paris mettra fin à toutes les aides jusqu'alors consenties et retirera son personnel technique, y compris les forces armées. (Toutefois du point de vue monétaire, la Guinée continuera de faire partie de la zone franc, l'ensemble de la monnaie franco-africaine)

---

[1] Abdoulaye Diallo « *Sékou Touré et l'indépendance guinéenne* »

« De Gaulle a demandé qu'on se soumette. Pour lui, on entrait dans la communauté si l'on refusait la souveraineté. La Guinée refusera. De Gaulle va à Conakry dans un état de crise extrême. Dans les vingt-quatre heures, tous les tiroirs des administrations françaises seront vidés, l'aménagement des routes sera suspendu et les livres de français enlevés de toutes les écoles de la Guinée. Désormais les livres pour les écoles proviennent de Prague et de Belgrade. Les livres de français n'arriveront que clandestinement. J'ai été l'un des rares parlementaires à retourner plusieurs fois en Guinée. A l'époque on tombait dans la vindicte publique. J'ai vu de mes yeux vus, les enfants guinéens apprendre les mathématiques avec des professeurs russes dont les propos étaient traduits par des vietnamiens. » [1]

Comme pour rectifier le tir, corriger les erreurs et les incohérences de l'article 86 excessivement interprété, et appliqué dans toute sa rigueur à la Guinée avec les conséquences désastreuses dont un aperçu ci-dessus évoqué, des alinéas sont ajoutés. Ainsi le 4 juin 1960, l'article 86 est complété par trois alinéas dont ceux-ci *« 3. Un État membre de la communauté peut également par voie d'accords devenir indépendant sans cesser de ce fait d'appartenir à la communauté. 4. Un État indépendant non membre de la communauté peut, par voie d'accords, adhérer à la communauté sans cesser d'être indépendant »*
Entre février 1959 et mars 1960, le conseil exécutif de la communauté (conférence des chefs d'État) se réunit pour la dernière fois à Saint Louis du Sénégal pour définir le symbole de la communauté : hymne, drapeau, devise. Ce qui donne une réelle existence à cette nouvelle institution.

Nonobstant tous ces alinéas pour adapter la communauté aux changements, tous les États d'Afrique noire deviennent indépendants en près de deux ans et cela « sans rupture économique »[2] grâce à la nouvelle institution. Une reconduction

---

[1] François Mitterrand, cité par Laure Adler, *l'Année des adieux*, édit. Flammarion, 1995, lire aussi Jeune Afrique n° 1796 du 8 au 14 juin 1995 p.72
[2] Coquery – Vidrovitch 1974 : p 229.

tacite de la communauté, au regard de l'alinéa 3 de l'article 86 (un État membre de la communauté peut également par voie d'accords devenir indépendant sans cesser de ce fait d'appartenir à la communauté). Mais pour les initiateurs et architectes de cette stratégie, c'est précisément une réussite, car pour eux, les « organisations économiques, administratives et financières étaient en place : les structures qui permettent à un État de se développer et de s'affirmer étaient acquis. »[1]

Nous avons donc des États indépendants par voie d'accords spécifiques qui ne cessent pas pour autant d'appartenir à la communauté au regard du texte sus indiqué avec toutes les prérogatives dévolues à la communauté symbolisées dans l'expression « sans rupture économique » (référence à tous les privilèges dévolus à la communauté) et dont la France est le centre décisionnel.

Une indépendance politique minutieusement préparée, conduite jusque dans les moindres détails et octroyée par la puissance colonisatrice et surtout une indépendance « sans rupture économique. »

Ce qui revient à dire que politiquement il y a indépendance mais qu'économiquement les choses restent en l'état sous le régime de la communauté avec la France comme cheville ouvrière et véritable centre décisionnel.

Toujours est-il que dès 1962, les articles constitutionnels concernant la communauté sont jugés caducs par le premier ministre Michel Debré. Et ce n'est étonnement qu'en 1993 qu'ils seront abrogés. Une bizarrerie qui mérite une analyse juridique.

La caducité est le sort qui frappe l'acte caduc ; état de non-valeur auquel se trouve réduit un acte initialement valable du fait que la condition à laquelle était suspendue sa pleine efficacité vient à manquer par l'effet d'un événement postérieur,[2] les indépendances dans notre cas de figure.

---

[1] Discours de Libreville d'André Malraux, ministre de la culture de la France 16 août 1960

[2] G. Cornu *vocabulaire juridique,* puf. 2016 p.144

L'abrogation est la suppression par une nouvelle disposition d'une règle (loi, convention internationale) qui cesse ainsi d'être applicable pour l'avenir.[1]

Étonnement ce n'est qu'en 1993, soit trente-trois ans (33 ans) plus tard que seront abrogés les articles. Que s'est-il passé pendant tout ce temps ?
La communauté a-t-elle continué de produire ses effets sur les pays concernés qui ont choisi l'indépendance ou les indépendances ont-elles joué leur plein effet.
C'est toute l'énigme ou tout le problème juridique qui mériterait qu'on s'y intéresse de près pour une réponse appropriée.
Il faut bien admettre que la forme d'indépendance choisie, c'est-à-dire « sans rupture économique » porte en elle une réponse implicite au problème de droit. Cette abrogation s'avère superfétatoire parce que ces indépendances « sans rupture économique » constituent un maintien tacite de la communauté. Peu importe qu'en 1962 les articles constitutionnels concernant la communauté aient été jugés caducs et abrogés plus tard en 1993. A partir du moment où les structures économiques échappent au bloc indépendance, l'esprit qui sous-tend la communauté demeure.

L'esprit des indépendances « sans rupture économique » aura longtemps vécu, prévalu et continue d'ailleurs d'imprégner la coopération franco-africaine à travers le CFA.
La question se pose aussi de savoir pourquoi ce qui a été vécu comme une défiance et un affront hier avec les représailles qui ont suivi vis-à-vis de la Guinée, est aujourd'hui, deux ans plus tard, favorablement accueilli à l'occasion d'un amendement de l'article 86.
Était-ce parce que le oui à l'indépendance d'un seul pays sous entendait plus une défiance vis-à-vis de la puissance colonisatrice que celui d'un groupe de pays, nettement plus malléable qu'un seul, phénomène de groupe oblige ; ou simplement parce que les nouvelles propositions d'indépendance « sans rupture économique » contenaient des

---

[1] Op. cit. p. 4

offres plus avantageuses pour la puissance colonisatrice et donc nettement plus acceptables.
Vu que cette indépendance était sans rupture économique, le maintien du franc CFA avec tous les privilèges accordés à l'ancienne puissance colonisatrice s'explique largement.

2 - L'autonomie et la souveraineté des nouveaux États

La monnaie est un attribut de souveraineté. C'est même le premier acte d'un pays qui accède à l'indépendance comme rappelé ci-dessus. Confirmant ce principe, les quinze pays de la zone franc dans leurs constitutions nationales affirment unanimement que seule la loi votée par le parlement « détermine le régime d'émission de la monnaie. »[1] Donc battre monnaie est un droit constitutionnel qui est inséparable de la souveraineté nationale.[2]
C'est dire l'importance de la monnaie et surtout de la politique monétaire dans la vie d'un pays. La politique monétaire est la clé de voûte de tout l'édifice économique, l'instrument essentiel du contrôle de l'économie et l'expression de l'indépendance politique acquise.
Et d'ailleurs « la vie nationale en son fondement économique et social impose cette capacité de l'État de disposer de sa politique monétaire. » [3]

Monnaie et politique monétaire, deux notions qui ont besoin d'être bien définies pour mieux comprendre leur portée dans la vie des États.
Le concept de monnaie fait l'objet de nombreuses définitions que l'on peut rassembler en deux catégories : l'approche fonctionnelle et l'approche de la monnaie comme rapport social.

L'approche fonctionnelle, où la monnaie remplit trois fonctions principales : la fonction d'intermédiaire des échanges, d'unité

---

[1] Voir par exemple le titre V article 71, de la constitution ivoirienne
[2] N. Agbohou op. Cit
[3] Banque mondiale juillet 1967 n° 253

de compte, et celle de réserve de valeur. Avec la fonction d'intermédiaire des échanges, la monnaie permet de fractionner l'échange en deux temps (bien contre monnaie, puis monnaie contre bien). Elle est acceptée par tous les membres d'un groupe en échange de tous les autres produits. La fonction d'unité de compte. Tous les prix sont exprimés sous la forme d'une quantité de monnaies. La fonction de réserve des valeurs. La monnaie peut être conservée avant d'être échangée contre un autre produit (sans perte de valeur dans l'hypothèse d'une inflation nulle.)

L'approche de la monnaie comme rapport social : certains économistes (M. Aglietta, A. Orléan) considèrent que la monnaie est une institution fondatrice de la société marchande qui permet d'exorciser la violence ; d'autres économistes (F. Poulon, A. Parguez, B. Schmitt) d'inspiration keynésienne appréhendent la monnaie comme une monnaie de crédit qui est selon eux, à l'origine de la production. La décision bancaire d'accorder un crédit à une entreprise qui démarre le circuit keynésien.
Si la plupart des économistes libéraux adoptent la définition fonctionnelle, certains (tels F. Hayek, L. Von Mises ou J. Rueff) accordent à la monnaie un rôle social, ce qui les conduit à rejeter la dichotomie et la théorie quantitative de la monnaie.[1]

« La politique monétaire quant à elle regroupe des actions visant à agir sur la situation économique (croissance économique, emploi, niveau général des prix, solde extérieur) par l'intermédiaire de la quantité de monnaie en circulation et / ou du taux d'intérêt. Les objectifs finaux de la politique monétaire sont ceux de la politique économique que sont la croissance avec un niveau satisfaisant de moyens de paiement en circulation dans l'économie et la stabilité interne de la monnaie afin d'éviter l'inflation. Les objectifs intermédiaires peuvent porter sur la quantité de monnaie (taux de croissance de tel ou tel agrégat monétaire) et / ou sur le taux d'intérêt. Les

[1] A. Beitone, A. Cazorla, Ch. Dollo, A. M. Drai, *Dictionnaire de science économique* 3° édit. Armand Colin 2010 p. 311

instruments de la politique monétaire sont multiples : politique de refinancement bancaire, politique de réserves obligatoires, politique d'intervention sur le marché monétaire, encadrement du crédit. »[1]

Nous sommes en présence de pays politiquement indépendants et « souverains » avec un précieux instrument à leur disposition, la monnaie, pour asseoir et affirmer leur souveraineté mais aussi et surtout pour être maître chez eux, maître de leur destin, gérer et faire fructifier au maximum leurs ressources et leurs richesses naturelles, (ces pays ont d'immenses ressources minières : le pétrole du Congo, du Gabon, du Tchad, l'uranium du Niger, le café, le cacao de la Côte d'Ivoire et du Cameroun) celles qu'ils ont et celles qu'ils peuvent créer par leur génie inventif ou acquérir pour un développement économique et social en vue du bien-être et du devenir de leur population. Parce que, faut-il encore le rappeler, le premier devoir d'un État quel qu'il soit est de s'occuper de sa population. C'est un principe général de droit international, une règle qui s'impose d'elle-même.

Comme avant eux, l'Allemagne qui a imaginé le mécanisme et le procédé de la monnaie d'occupation pour les appliquer à la France. Comme aujourd'hui la France qui a reproduit et reconduit en l'accentuant le système avec la monnaie des colonies dans ses colonies ; toutes les deux ayant compris l'intérêt et la portée stratégique de la monnaie. Elles sont passées de la situation de nations appauvries à celle de nations riches. Ce qui démontre, si tant est l'importance, le rôle primordial et central de la monnaie dans la vie et le devenir d'un pays.

Les États africains de cette zone vont-ils saisir cette dimension de la monnaie ? sauront-ils à leur tour saisir cette opportunité que leur offre la souveraineté monétaire à l'instar de l'Allemagne et de la France pour un développement économique et social ? Ces deux exemples inspireront ils ces

---

[1] A. Beitone, A. Cozorla, E. Hemdane édit. Armand Colin 2016 p. 485

États, seront-ils salutaires pour eux ? tel est le problème et la question de fond qui se posent.

Contrairement à ce qu'ont fait les deux pays sus nommés avec leur politique monétaire autoritaire, agressive certes mais osée, ambitieuse, pleine d'opportunisme et savamment pensée (particulièrement l'Allemagne à qui revient la paternité du mécanisme) ; une politique monétaire qui a du reste enrichi et boosté leurs économies respectives.

Nonobstant tous les résultats économiques enregistrés par ces deux pays, résultats qui se passent d'ailleurs de tout commentaire et qui laissent rêveur, même si cela s'est réalisé au détriment des autres, les pays africains de la zone franc vont quant eux faire un autre choix en la matière. Ils vont volontairement renoncer à leur souveraineté monétaire, à la *summa potestas*, c'est-à-dire au caractère suprême d'une puissance (qui est au-dessus de tout, dans son genre, dans son espèce) pour solliciter la garantie monétaire de la France par le biais d'une coopération monétaire franco-africaine. Renoncer à la souveraineté, au caractère suprême pour un partenariat, une coopération de « garantie », tel est le choix des pays africains concernés.

Dans leurs déclarations, ils disaient « être convaincus que le renforcement de cette coopération est un gage pour le développement rapide et harmonieux de leurs économies nationales.[1] Ils se sont engagés à poursuivre cette coopération monétaire « dans le cadre de la zone franc » et dans le respect de leur souveraineté et de leurs intérêts légitimes. »[2]

Mais la garantie monétaire accordée par la France a un prix. C'est dire que la France n'est pas si généreuse, si altruiste que ne le pensent naïvement les pays de la zone franc. Ainsi pour

---

[1] Préambule de la coopération monétaire entre la France et les pays membres de l'Afrique centrale.

[2] Préambule de la coopération monétaire entre la France et les pays membres de la BEAC

accorder sa garantie monétaire aux pays de la zone franc, la France va exiger que ces pays déposent 100 % de leurs revenus de change dans les comptes d'opérations ouverts dans les livres du Trésor publique français au nom de chacune des banques centrales de la BCEAO, BEAC, BCC. Les banques sont tenues de verser sur ce compte la totalité des avoirs extérieurs qu'elles détiennent.

Une convention entre la France et les pays de la zone franc a été mise en place. Cette dernière stipule que *« Les États membres conviennent de mettre en commun leurs avoirs extérieurs dans un fonds de réserves de change. Ces réserves feront l'objet d'un dépôt auprès du Trésor français dans un compte courant dénommé compte d'opérations. »* [1]
Et *« la banque versera au compte d'opérations les disponibilités qu'elle pourra se constituer en dehors de sa zone d'émission. »* [2]

Ainsi jusqu'en 1973, les banques centrales africaines étaient tenues de verser sur ce compte la totalité des avoirs extérieurs qu'elles détenaient sur ce compte. La convention de 1973, qui se veut plus souple, contraint les PAZF à déposer au trésor Français 65 % au moins de leurs réserves de change. La convention les autorise à détenir au maximum 35 % de leurs avoirs extérieurs pour répondre à leurs besoins de trésorerie et honorer leurs engagements auprès du FMI et de la BRI (Banque des règlements internationaux.)[3]

Depuis le 20 septembre 2005, ce taux est égal à 50 % pour la BCEAO et à 60 % pour la BEAC dont la quotité se réduit à celle de son homologue de l'Afrique de l'Ouest dès le premier juillet 2009. Le taux de 65 % est inchangé pour la BCC des Îles Comores.

---

[1] Article 11de la convention de coopération monétaire entre la France et les États membres de la B.A.C. 13 mars 1973

[2] Article 2 de la convention de compte d'opération entre la France et les pays africains de la zone franc (les PAZF)

[3] Article 3 de la convention de compte d'opération.

En contrepartie du respect rigoureux de ce principe de centralisation des réserves de change à Paris pour les africains, le Trésor français s'engage à fournir toutes les sommes dont les Banques centrales peuvent avoir besoin, aussi bien pour leurs règlements à l'intérieur de la zone que pour les paiements extérieurs en devises.[1]
« Le compte d'opérations peut devenir débiteur sans qu'aucune limite soit assignée à ce découvert. Lorsque le solde est débiteur, le Trésor Français perçoit des intérêts »[2] payés par les africains. Dans le cas contraire, c'est à dire lorsque le solde du compte d'opérations est créditeur, le Trésor Français verse des intérêts aux pays Africains.
Le fonctionnement de ce compte d'opérations implique qu'en cas de solde débiteur le Trésor Français perçoit des intérêts et dans le cas contraire les pays membres reçoivent des intérêts. C'est « la Banque de France qui achète ou vend quotidiennement les devises sur le marché de change pour le compte des institutions d'émission africaines. »[3] Cet état de fait permet à la France à travers les soldes créditeurs des comptes d'opérations de financer « la charge qui résulte pour elle des découverts d'exécution des lois de finances et de l'amortissement de la dette publique. »

Les statistiques financières internationales montrent que les comptes d'opérations ouverts au nom des banques centrales africaines ont été constamment créditrices depuis leur création jusqu'en 1980 et après la dévaluation de 1994.
Parce que *« les coûts liés à la garantie de convertibilité des monnaies de la zone se sont avérés assez faibles du point de vue de la France. La discipline monétaire que les banques centrales de l'Union Monétaire Ouest Africaine et de l'Afrique centrale (BCAO et BEAC) ont dû maintenir, les a conduites à disposer d'un solde excédentaire de leurs comptes d'opérations jusqu'à la décennie quatre-vingts. Au début de son existence, la zone*

---

[1] Institut Technique de Banque (ITB) *la zone franc* 3° édition, p. 15
[2] Op. cit.
[3] Rapport n° 2907 d'information produit par l'Assemblée nationale de France le 29 juillet 1990

franc a joué un rôle non négligeable de pourvoyeur de devises pour la France... » [1] De 1962 à 1980 la France a versé régulièrement des intérêts financiers créditeurs à ses partenaires africains qui lui ont prêté la totalité ou la grande majorité (à partir de 1973) de leurs recettes d'exportations, conformément à la convention de compte d'opérations.[2]

Ce qui revient à dire que les dirigeants africains stockent ou immobilisent dans les caisses du Trésor Français les immenses capitaux financiers indispensables au développement socio-économique de l'Afrique. Leur collaboration financière négative avec l'ancienne puissance colonisatrice fait d'eux de simples rentiers financiers.[3]

« Lorsque le solde sera créditeur, le montant moyen des fonds en dépôt au cours de chaque trimestre sera assorti d'un taux d'intérêt égal à la moyenne arithmétique des taux d'intervention de la Banque de France sur les effets publics au plus court terme pendant le trimestre considéré. » [4]

Depuis que l'euro est devenu la monnaie de la France, le taux de rémunération des comptes d'opérations est déterminé par la Banque Centrale européenne (BCE) :

« le solde créditeur du compte d'opérations est désormais assorti d'une rémunération différenciée assise sur les taux de la banque centrale européenne, selon qu'elle s'applique à la quote-part des avoirs qui doit être conventionnellement centralisée au compte d'opérations, ou au solde excédent cette quote-part. » [5]

Cette politique est sûrement plus sécurisante et moins risquée de prime abord mais elle manque d'ambition, d'envergure, de

---

[1] Bruno Coquet, Jean Marc, « *Quel avenir pour la zone franc après Maastricht, Observations et diagnostics économiques,* » Revue de l'OCDE, n° 41, 1992

[2] Rapports d'activité et rapports annuels de la BCAO et BCAC de 1962 à 1980

[3] Nicolas Agbohou op. cit. p 83

[4] Article 7 de la convention de comptes d'opérations BCAO ? Voir aussi de la même convention de compte d'opérations entre la France et la BEAC - 1973Avenant de la convention de compte d'opérations du 4 décembre 1973 entre la France et la BCAO qui a été signé le 20 septembre 2005.

[5] op.cit.

perspective d'avenir. Elle est frileuse et dénote une peur lancinante sous tendue par la réminiscence, les vestiges encore vivaces de la relation paternaliste de colonisateur à colonisé.

C'est juste l'occasion de rappeler que le risque fait partie intégrante de la vie économique, une vie faite de haut et de bas. Il est inhérent au monde de la finance, aux grands projets financiers ou de financement de projets, à la vie des affaires. Il faut l'assumer et le maîtriser si on veut entreprendre, ou si on entreprend, pour ne pas être tributaire et surtout pour ne pas être lié à un quelconque parrainage anesthésiant, une caution ou des garanties en tout genre comme le sont aujourd'hui les pays de la zone franc avec la France.[1]
Ce choix d'un si grand nombre de pays pose avec acuité le problème de la politique monétaire de ces pays dans son ensemble.

Une fois encore, en dépit de l'importance du rôle central de la monnaie et de la politique qui y a trait, parce que destiné à agir sur les conditions de financement de l'économie, (l'économie un des piliers, le moteur de la vie d'un pays), les pays de la zone franc ont accepté volontairement de renoncer à leur souveraineté monétaire en sollicitant la garantie de la France. Renoncement à la souveraineté contre garantie monétaire, une situation qui perdure en ce début du XXI° siècle, soit soixante-dix-huit ans (78 ans) après la création de cette monnaie et qui s'apparente à bien des égards à un anachronisme monétaire.

D'abord au regard de l'omnipotence d'un cocontractant et de sa mainmise sur la politique monétaire de quatorze États d'Afrique et un pays du pacifique via des accords monétaires nonobstant les indépendances.
Ainsi comme déjà rappelé ci-dessus, la France garantit aux pays de la zone franc la convertibilité illimitée du franc CFA avec l'euro à un taux fixe sous certaines conditions monétaires, les pays doivent également déposer 100 %, 65 %, puis enfin 50 %

---

[1] Sur le sujet Ch. Zagoh, *La maîtrise des risques dans les financements de projets,* Univ. René Descartes Paris V, ANRT Lille ISBN :978-2-7295-6752-1

de leurs réserves de change au trésor français en guise de garantie.

Ensuite au regard de la désuétude même du mécanisme synonyme de paresse intellectuelle, qui s'apparente à un immobilisme anesthésiant, voire mortifère à terme. « Le franc CFA est un mécanisme désuet qui devrait être revu » comme le souligne à juste titre Carlos Lopes ancien sous-secrétaire (secrétaire général adjoint) de l'ONU et secrétaire exécutif de la commission économique pour l'Afrique. « Aucun pays ne peut avoir une politique monétaire immuable depuis trente ans. Cela existe dans la zone franc. Il y a donc quelque chose qui cloche avec le franc CFA »
Pour lui, cette situation démontre que « le mécanisme est devenu désuet et n'est pas adapté à la conjoncture internationale qui est dynamique. » [1] Il parle lui aussi d'anachronisme monétaire s'agissant du franc CFA.

C - Un Système unilatéral et une convention léonine

Comme déjà rappelé, le mécanisme, la stratégie et le fonctionnement du franc CFA, Franc des Colonies Françaises d'Afrique, ont pour concepteur l'Allemagne en 1940 avec la monnaie d'occupation. Juridiquement, c'est donc par un acte unilatéral et léonin que l'Allemagne a imposé cette monnaie d'occupation à la France et aux territoires occupés d'Europe avec les conséquences que l'on connaît. A son tour la France a reproduit et reconduit le système dans ses colonies d'Afrique et du Pacifique par un décret [2] du 26 décembre 1945 de René Pleven, ministre des finances, Jacques Soustelle, ministre des colonies. Le décret a été signé par Charles de Gaulle, président

[1] Carlos Lopes, Le Point Afrique 30 septembre 2016

[2] Décret : terme générique désignant une catégorie d'actes administratifs unilatéraux pris par les deux plus hautes autorités exécutives de l'État, le président de la république et le premier ministre. G. Cornu, *Vocabulaire juridique,* puf. 11°édit. 2016 p. 306

du gouvernement provisoire. (Un décret pris par un gouvernement provisoire qui perdure.)

Nous sommes surtout en présence d'un acte administratif unilatéral pris par la puissance colonisatrice pour ses colonies, une sorte de « contrat d'adhésion » [1] pour les territoires colonisés. Les colonies deviennent partie à cet « accord » dans la formation duquel leur consentement consistait à accepter purement et simplement sans discussion, adhérant ainsi aux conditions établies unilatéralement à l'avance par la puissance colonisatrice. Ils n'étaient d'ailleurs pas signataires de cet accord. Les colonies n'avaient pas d'autre choix que d'adhérer à la démarche d'un puissant « partenaire » voire d'un maître incontesté, omnipotent. La situation et les relations des territoires colonisés et du pays colonisateur imposaient et justifiaient surtout ces actes unilatéraux léonins.

Toujours est-il que même avec les indépendances, le Franc des Colonies Françaises d'Afrique a été maintenu mais avec une appellation différente et de nouveaux accords. De franc des colonies en passant par le franc des communautés françaises d'Afrique pour enfin finir au franc de la communauté financière d'Afrique. Ainsi le Franc des Colonies Françaises d'Afrique, toujours avec le même acronyme CFA, a changé d'appellation pour mieux s'adapter au contexte géopolitique du moment : les indépendances des anciennes colonies françaises d'Afrique au prix de nouveaux accords de coopération franco-africaine et d'une garantie monétaire.

Ainsi le franc CFA est souvent comparé et de manière anecdotique à un caméléon, petite bête du reste inoffensive qui revêt les couleurs de son environnement pour mieux l'épouser et faire corps avec lui, pour être en quelque sorte en harmonie

[1] Dénomination doctrinale générique englobant tous les contrats dans la formation des quels le consentement de l'une des parties consiste à accepter une proposition qui est à prendre ou à laisser sans discussion, adhérant ainsi aux conditions établies unilatéralement à l'avance par l'autre partie op. cit. p.30

avec son milieu pour les uns ou pour mieux se camoufler pour les autres ; de la même manière, le franc CFA solidement bien assis sur les anciennes bases de son mécanisme et de sa stratégie d'origine (comme décrit dans les pages précédentes) a revêtu « une nouvelle parure » dictée, il est vrai par le nouveau contexte ; se dotant pour ce faire d'institutions financières pour son fonctionnement.

Chapitre III – Les institutions financières de la zone franc

Ayant largement évoqué la souveraineté dont la monnaie est un attribut et son abandon par les pays de la zone franc dans les pages précédentes, le problème de fond qui nous préoccupe reste bien entendu les accords de coopération, leur mise en œuvre et surtout leur teneur, mais aussi la portée de la garantie accordée par la France. Ce qui nous permettra d'une part de présenter, exposer ces accords, analyser leur contenu et voir d'autre part si les anciens rapports de force léonine perdurent, enrobés qu'ils sont dans un nouveau contexte, sous une nouvelle appellation : les accords de coopération ; ou si nous sommes réellement dans une nouvelle ère, une aube nouvelle, un nouveau contexte, différent de l'ancien, c'est-à-dire dans des rapports contractuels de pays indépendants politiquement, dans une dialectique gagnant-gagnant ; avec *in fine* tous les effets du contrat à travers l'exécution ou la mise en œuvre de ces accords.

Nous sommes dans un contexte de coopération monétaire internationale renforcée par une garantie monétaire. Coopération et garantie, deux notions qui sous-tendent toute la politique monétaire des pays de la zone franc et qui ont besoin d'être définies pour mieux appréhender leur portée.
Au sens strict du droit, la coopération internationale est définie comme l'action conjointe et coordonnée de deux ou plusieurs États ou d'États et de personnes privées dans un domaine déterminé (militaire, scientifique, technique, culturel, national ou financier, fiscal, monétaire, commercial, maritime, international, spatial) en vue de parvenir à des résultats communs dans un ou plusieurs domaines de la vie internationale ; cette coopération peut se réaliser soit dans le cadre de l'exécution d'un traité, ou d'une organisation internationale, soit en dehors de tout cadre contractuel ou institutionnel.[1] Plus généralement la coopération est perçue comme une politique par laquelle un pays apporte sa

[1] G. Cornu op. cit. p. 272

contribution au développement économique, culturel aux nations moins développées.

La garantie au sens large, est tout mécanisme qui prémunit une personne contre une perte pécuniaire.[1]
Apporter sa contribution au développement des nations les moins développées par une action conjointe et coordonnée, tels sont l'esprit et la philosophie de la coopération. Ainsi avec cette coopération, les français pouvaient apporter de concert avec les africains non seulement leur contribution au développement des pays de la zone franc moins développés, mais surtout ils le faisaient de surcroît avec une garantie monétaire qui prémunissait ces pays contre une perte pécuniaire. Deux points peuvent être relevés à cette occasion :

D'abord la démarche, (au regard du poids des mots et de leur portée), qui est magnanime, l'œuvre, hautement louable. Qui plus est, dans un domaine qui est l'essence même et le symbole du lucre : la monnaie et la politique qui accompagne sa mise en œuvre. Une situation somme toute intéressante qui mérite qu'on y regarde de plus près, qu'on l'analyse pour la confronter à la réalité du terrain.

Ensuite la qualité du partenaire : l'ancienne puissance colonisatrice qui a imposé naguère, dans un passé récent le CFA et qui devient pour l'occasion un collaborateur, un partenaire, un assistant technique, mérite aussi un minutieux examen de cet accord.
Le problème de fond qui se pose est le suivant : comment l'ancien maître absolu peut-il se muer en parfait collaborateur, renonçant pour l'occasion à son omnipotence, à tous ses privilèges exorbitants, à son ancien statut privilégié ?

Le changement de statut à l'occasion de nouveaux accords de coopération pour l'ancienne puissance colonisatrice ou les accords de coopération avec l'ancienne puissance colonisatrice : telle pourrait être la problématique. Plus prosaïquement : le

---

[1] G. Cornu op. cit. p. 486

changement dans la continuité ou le changement sur de nouvelles bases avec des acteurs au statut nouveau. Telle est la grande interrogation à laquelle la mise en œuvre de la coopération franco-africaine permettra dans un premier temps de mieux comprendre les données de la situation et du problème pour apporter ensuite, dans la mesure du possible des éléments de réponse qui s'imposent.

La coopération franco-africaine est mise en œuvre par des institutions. Il y a la Conférence des chefs d'État, le Conseil des ministres dont l'existence s'observe uniquement en Afrique de l'Ouest à travers l'UEMOA (Union Économique et Monétaire Ouest africaine), les Institutions d'Émission monétaire connus sous le nom de BEAC en Afrique Centrale, de BCEAO en Afrique de l'Ouest et BCC en République Fédérale Islamique des Comores.

1 - La conférence des chefs d'État

Les chefs d'État membres de l'Union Monétaire Ouest africaine (UEMOA) réunis en conférence constituent l'autorité suprême de l'union. Cette conférence siège pendant l'année civile dans chacun des États de l'union à tour de rôle par ordre alphabétique de leur désignation. Elle se réunit normalement une fois par an et aussi souvent que nécessaire, sur l'initiative du président en exercice ou à la demande d'un ou de plusieurs des chefs d'État membres de l'union.

Les décisions de la conférence des chefs d'État, dénommés « actes de la conférence » sont prises à l'unanimité. [1] La conférence décide de l'adhésion de nouveaux membres, prend acte du retrait ou de l'exclusion des membres de l'union et fixe le siège de son Institut d'Émission (ou Banque Centrale). Elle tranche toute question n'ayant pu trouver de solution par accord

[1] Traité constituant l'union Monétaire ouest africaine (UEMOA) Titre II, article 5

unanime du Conseil des ministres de l'union et que celui-ci soumet à sa décision.

2 - Le conseil des ministres

Institué par le traité du 14 novembre 1974, le conseil des ministres assure la direction de l'union monétaire Ouest Africaine (UMOA)[1] et *« définit la politique monétaire et de crédit de l'union afin d'assurer la sauvegarde de la monnaie commune et de pourvoir au financement de l'activité et du développement économique des États de l'Union. »*[2] Il a aussi le pouvoir de décider de la *« modification de la parité de l'unité monétaire de l'union. »* [3]

3- Les institutions d'émission monétaire

Ces institutions d'émission monétaire que sont les Banques Centrales (BCEAO dans la zone de l'UEMOA, BEAC dans la zone de l'Afrique centrale et BCC en République Fédérale Islamique des Comores), sont les organes réels de la mise en application des accords monétaires franco-africains. Leurs fonctionnements sont presque identiques. Les Banques Centrales comprennent essentiellement un conseil d'administration, un gouverneur et des comités monétaires.

a- Le conseil d'administration

➢ Fonctionnement et prises de décision du conseil d'administration des Banques Centrales.

Les conseils d'administration[4] sont investis des pouvoirs les plus étendus pour l'administration des banques Centrales (et

---

[1] Traité de l'UEMOA Titre III, article 6

[2] Traité de l'UEMOA, Titre III, article 12

[3] Statuts de la BCEAO, Section I, Titre III, article 38

[4] Du point de vue du droit, c'est un organe collégial de la société anonyme, composé d'administrateurs (trois au moins, douze au plus) désignés par les statuts ou par l'assemblée générale parmi les actionnaires et théoriquement investi de tous les pouvoirs pour agir en toute circonstance au nom de la

partant sur l'économie des pays en question). C'est un organe important qui joue un rôle crucial, primordial dans la mise en œuvre des accords de coopération.

Dans l'exercice de ses pouvoirs les plus étendus pour administrer les affaires de la Banque Centrale africaine, le CA *« fixe le taux d'escompte et les taux et conditions de toutes opérations traitées par la Banque Centrale. Ces opérations de la BC sont par exemple, escompter, acquérir, vendre, prendre en pension ou en gage des créances sur les États de l'union, les entreprises et particuliers. »* [1] La Banque Centrale peut également consentir aux banques des avances sur les effets publics créés ou garantis par les États membres de l'Union, à concurrence des quotités fixées par CA.[2] Elle a le pouvoir de consentir aux Trésors publics des États membres de l'union, et à son taux d'escompte, des découverts en compte courant. »[3] Cela veut dire que c'est le CA, qui définit et conduit la politique monétaire et de crédit dans la PAZF. D'ailleurs les statuts de la BCEAO précisent expressément que *« le CA détermine selon la périodicité fixée par lui, le montant global des concours susceptibles d'être accordés par la Banque Centrale au financement de l'activité économique et du développement de chacun des États de l'Union. »* [4]

---

société dans la limite de l'objet social et des conséquences attribuées à l'assemblée générale. Exemple le conseil d'administration décide la politique générale de la société, prend les décisions les plus importantes, contrôle leur exécution par le président directeur général. G. Cornu, *Vocabulaire juridique* puf., 2016 p. 241

[1] Statuts de la BCEAO, Article 10

[2] Statuts de la BCEAO, Article 13

[3] Statuts de la BCEAO, Article 14

[4] Statuts de la BCEAO, Article 52, alinéa 7

Le nombre d'administrateurs dans les Conseils d'administration des Banques Centrales.
Jusqu'en 1973 et avant la réforme, il y avait au CA de la BEAC huit français et huit africains ; et au CA de la BCEAO, sept français et quatorze représentants des États membres et au CA de la BCC quatre français et quatre africains.
Le nombre important d'administrateurs français est le signe de la mainmise du puissant collaborateur et de son droit de regard sur les Banques Centrales africaines.

Il faut bien admettre que pour une mission de collaboration, de coopération et surtout de conseil, le nombre élevé d'administrateurs présents dans les Conseils d'administration se passe de tout commentaire. Il symbolise, ni plus ni moins l'omniprésence du puissant collaborateur et la part léonine qui lui est attribuée par les statuts. Ce qui a d'ailleurs nécessité une réduction significative du nombre d'administrateurs, excepté à la BCC pour le rendre moins visible à la population avec la réforme de 1973.
Ainsi désormais on a :
À la BEAC : 13 administrateurs dont trois pour la république française. [1]
À la BCEAO : 16 administrateurs, soit deux par pays *« participant à la gestion de la Banque. »*[2] Ainsi pour la représentation française *« deux administrateurs désignés par le gouvernement français », qui participent au conseil d'administration de la BCEAO, dans les mêmes conditions et avec les mêmes attributions que les administrateurs désignés par les États membres de l'Union. »* [3]
À la BCC : 8 administrateurs dont quatre français, désignés pour un mandat de quatre ans renouvelables. [4]

[1] Article 3 des statuts de la BEAC

[2] Article 49 des statuts de la BCEA

[3] Article 10 de l'accord de Coopération entre la France et les pays africains de l'UMOA

[4] Article 34, Titre III de l'Accord de coopération monétaire entre la république française et la république Fédérale islamique des Comores

Dans les trois Banques Centrales, chaque administrateur a un suppléant désigné dans les mêmes conditions que le titulaire et qui siège en son absence. [1]

Nonobstant la réduction du nombre des administrateurs, le véritable pouvoir se trouve dans le fonctionnement et les prises de décisions du Conseil d'Administration avec notamment les règles de l'unanimité, de la majorité, du droit de véto et de la politique de la chaise vide. Des mécanismes empruntés au droit et dont le fonctionnement permet de mieux comprendre le véritable détenteur du pouvoir.

Le fonctionnement et les prises de décision.
Les Conseils d'administration sont investis des pouvoirs les plus étendus pour l'administration des affaires des Banques Centrales.

➢Dans les Comores, le CA *« délibère valablement lorsque au moins six de ses membres sont présents ou représentés. Les délibérations doivent être adoptées par 5 au moins des membres présents ou représentés. »*[2] Sachant que le CA Comorien se compose de quatre français et de quatre africains, aucune décision ne peut être prise sans l'aval ou l'accord préalable du puissant partenaire. Il ne peut donc pas délibérer sans sa présence. C'est un droit de véto[3] qu'instituent les statuts.
Ces derniers octroient un droit de véto à un collaborateur, un assistant technique, si nous nous référons à la sémantique du mot coopération et partant au statut et à la qualité du bénéficiaire de cet accord.

---

[1] Leur mandat renouvelable est de trois ans à la BEAC et à la BCEAO

[2] Statuts de la BCC des Comores. Titre III, Article 38

[3] Défini comme le droit de s'opposer par un acte hostile à l'adoption d'une résolution lorsque l'unanimité est requise. Décision par laquelle un organe partiel d'une fonction juridique s'oppose à l'édition d'un acte de cette fonction déjà approuvée par un ou plusieurs autres organes partiels. Op. cit. p. 1071

➢ à la BEAC : le CA de la BEAC *« délibère valablement lorsque au moins un administrateur par État membre et un administrateur français sont présents ou représentés. »* [1]
Ici aussi, il suffit simplement que le puissant partenaire pratique la politique de la chaise vide pour bloquer toutes les affaires des sept pays membres de la BEAC.
Cette mainmise par le biais de mécanismes juridiques est plus subtile, parce qu'intégrée au mécanisme juridique mis en place, mais bien réel.

➢ Il y a pire à la BCEAO, car cette Banque Centrale, la BCEAO, souligne que les modifications de ses propres statuts *« doivent recueillir l'unanimité des membres de CA. »* [2] Ce sont là les règles de droit des sociétés qui sont reprises et appliquées dans toute leur rigueur. Ce qui se comprend aisément *« dura lex sed lex. »* Toujours est-il que dans le CA siègent deux français dont le seul refus suffit à maintenir le statu quo.
Ainsi la présence du puissant partenaire dans le CA avec tout son passé de maître absolu et cette règle de l'unanimité ne sont rien d'autre qu'une clause léonine de fait qui lui est octroyée par les statuts de la BCEAO, voire pire, une soumission volontaire des pays membres de cette zone.

Une nuance est apportée à l'article suivant des statuts qui précise que *« les décisions du CA sont arrêtées à la majorité simple. »*[3] Ce bémol apporté par cet article confirme si besoin est que la règle de l'unanimité confère un très grand pouvoir au puissant partenaire et qu'il faille le réduire.
Paradoxalement et nonobstant la nuance évoquée, la règle de l'unanimité est mise en jeu lorsqu'il s'agit de prendre des décisions capitales, ce que l'on perd d'un côté on le récupère de

---

[1] Statuts de la convention de coopération monétaire entre les pays de la BEAC et la France, Article 38.
[2] Statuts de la BCEAO Article 51
[3] Op. cit.

l'autre. Par exemple les opérations d'escompte [1] et de réescompte qui correspondent à la création de monnaie.
Tant que le rapport entre le montant moyen des avoirs extérieurs de la Banque Centrale et le montant moyen de ses engagements à vue demeure égal ou inférieur à 20 %, [2] les décisions supplémentaires du CA en matière d'escompte ou de réescompte d'effets publics à dix ans au plus [3] de prises de participations au capital d'institutions financières communes de développement [4] comme la BOAD [5] *« doivent être prise à l'unanimité. »* [6]

Encore une fois, la règle de l'unanimité accroît le pouvoir du puissant partenaire et le rend incontournable voire indispensable dans les opérations de création de monnaie. Ce qui revient à exiger son accord à la négociation de ces effets de commerce et au contrôle de fait du processus de création monétaire dans les PAZP « en exigeant son accord à la négociation de ces effets de commerce, la France contrôle de fait le processus de création monétaire dans les PAPZ. » [7]

b - Le gouverneur

Nomination du gouverneur de la BEAC. *« Le gouverneur est nommé à l'unanimité par le CA sur proposition du gouvernement gabonais après agrément des autres gouvernements des États membres et de la France. »*[8]

---

[1] L'escompte est une opération dans laquelle une banque mobilise des effets de commerce. L'entrepreneur qui possède des effets de commerce les cède à sa banque qui lui remet en contre partie des liquidités. L'opération a un coût : le taux d'escompte qui est un taux d'intérêt du débiteur. L'escompte est une opération de monétisation de créance qui conduit à une création monétaire A. Beitone A. Cazorla, E. Hemdane, édit. Armand Colin 2016 P. 289.

[2] Article 51 alinéa 4

[3] Article 52 alinéas 3 et 8

[4] Article 52 alinéa 8.

[5] BOAD Banque Ouest Africaine de Développement

[6] Article 51 alinéa 5

[7] N. Agbohou op.cit.

[8] Article 43 de la BEAC

Ainsi si la France n'est pas d'accord, elle peut bloquer la nomination d'un gouverneur.
Encore une fois, le droit de véto du puissant partenaire s'exerce également lors de la nomination du gouverneur de la BEAC.

c - La représentation française dans les conseils d'administration

La question que nous nous posons est celle de savoir comment un pays censé apporter sa collaboration, son assistance technique peut-il avoir un aussi grand pouvoir dans les CA des Banques Centrales des PAZF et être incontournable jusqu'à paralyser son fonctionnement suivant son bon vouloir et ses intérêts ?

Un constat : ce sont les statuts des accords de coopération, comme il nous a été donné de le voir qui confèrent cet avantage exorbitant au puissant partenaire qu'est la France.
C'est légal parce que voulu d'un commun accord par les PAZF et la France (l'article 1134 du code civil français dit en substance : les conventions légalement formées tiennent lieu de loi à ceux qui les ont faites ...)
Toujours est-il qu'en dépit de l'accord de volontés, la clause d'un contrat ou d'un accord comme ici, peut être léonine[1] eu égard à la part du lion, un avantage exorbitant au détriment des autres qui est procuré à l'un des contractants.

Deux enseignements peuvent être titrés de cette situation :
La soumission volontaire des pays de la zone franc avec la place accordée à la France dans les statuts des accords de coopération, et surtout le caractère léonin des pouvoirs accordés par les statuts au puissant partenaire qu'est la France.

---

[1] Excessif par l'avantage disproportionné procuré à certains cointéressés relativement à ce que reçoivent les autres ; se dit d'un contrat ou de la clause d'un contrat dont l'exécution aurait pour résultat de procurer à l'un des contractants un avantage exorbitant au détriment des autres (en lui donnant la part du lion), iniquité qui peut entraîner la nullité de la convention ou de la clause léonine, ou parfois justifier la réduction prétorienne des profits unilatéraux excessifs. G. Cornu, *Vocabulaire juridique,* Puf. 2016 p. 604

Sinon comment expliquer qu'un pays sur le territoire duquel une monnaie n'a pas cours et qui ne l'utilise pas de surcroît puisse être incontournable dans le processus de création de ladite monnaie tout comme la politique monétaire et avoir un droit de regard permanent sur les Banques Centrales et partant sur les économies de quatorze pays. Une garantie monétaire justifie -t-elle toutes ces prérogatives exorbitantes ?

➢ Le pouvoir de contrôle de la France sur le fonctionnement et les prises de décision du CA des Banques Centrales africaines. Le statut des trois banques centrales institutionnalise le droit de regard de la France sur les Banques Centrales (et par conséquent sur les économies africaines). Car leurs conseils d'administration, où sont présents des français ainsi statutairement établis, sont également reconnus. Cette soumission volontaire des dirigeants africains à la France est aussi revendiquée et proclamée solennellement pour pérenniser l'ordre monétaire juridico-financier colonial aujourd'hui rénové et imposé aux africains de l'UEMOA, même si on peut remarquer que les statuts de la BCEAO précisent cependant que la règle de l'unanimité est mise en jeu lorsqu'il s'agit de prendre des décisions capitales.

4 - Les comités nationaux de crédit

Ces comités assurent une politique monétaire et de crédit à partir de la Banque Centrale par le CA.

➢Droit de véto

La répartition du « montant global » des crédits accordés aux pays membres est effectuée par les comités [1] de Crédit [2] dont les règles de fonctionnement et les missions sont définies par le conseil d'administration, CA : *« Le CA arrête les règles qui s'imposent aux comités nationaux de crédit dans l'exercice de leurs compétences. »* [3] *Cette compétence consiste à :*

---

[1] Statuts de la BCEAO, Article 54

[2] Appelé, comités Monétaires Nationales dans les pays membres de la BEAC

[3] Statuts de la BCEAO, Article 52, alinéa 5 et article 36, alinéa b. Lire aussi article 36de la BEAC alinéa g

- « fixer le montant minimum de crédit dont l'octroi par une banque ou un établissement financier à une même entreprise, est subordonné à son agrément.
- Accepter, soumettre à condition ou refuser les propositions de crédit qui lui sont ainsi présentées.
- Arrêter la liste individuelle des crédits consentis à une même entreprise, susceptibles d'être mobilisées à la BC, fixer la proportion ou le montant minimum des divers emplois pouvant être portés par les banques et établissements financiers.
- Préciser les modalités d'application de toutes les autres mesures de contrôle et de direction des crédits à l'économie. » [1]

Il est évident que *« toute décision des comités monétaires nationaux jugée contraire aux dispositifs organiques ou aux directives du conseil d'administration ou mettant en cause la monnaie de la zone d'émission ou la solidarité des États membres peut être suspendue ou évoquée au CA pour décision sur initiative de deux censeurs,* [2] *ou de l'un d'entre eux. »* [3]

Or l'un des censeurs est français. La France exerce donc son droit de véto, à tout moment. Ainsi le CA a le pouvoir de procéder *« à la révision des décisions de comités nationaux du crédit qui contreviendraient aux dispositions des statuts de la BCEAO et aux règles générales d'exercice de leur compétence fixée par le CA. »* [4]

Nous avons donc une politique monétaire et de crédit à partir du centre nerveux de la Banque Centrale Africaine que constitue son conseil d'administration. La France exerce son contrôle direct sur ces comités nationaux de crédit où elle se fait représenter qualitativement.

---

[1] Article 58 de la BCEAO, alinéa 1 à 5 ; ou Article 42 de la BEAC.

[2] Appelés à la BCEAO « contrôleurs nationaux »

[3] Article 41 de la BCEAO

[4] Article 52 de la BCEAO, alinéa 6.

➢ Contrôle direct par représentation

En ce qui concerne la constitution des comités nationaux de crédit, l'article 53 des statuts de la BCEAO stipule qu'un comité national du crédit siège auprès de la banque centrale établie dans chacun des États de l'union et *« est composé du ministre des finances, des deux représentants de l'État au CA, de quatre membres nommés par le gouverneur de l'État concerné et d'un représentant de la France. »* [1]

La représentation française est plus importante dans le comité national des États membres de la BEAC. *« Le ou les administrateurs de la BC et leurs suppléants, trois personnalités nommées par le gouvernement de l'État ... le gouverneur et deux censeurs dont un français assistent aux réunions avec voix consultative. »*[2]

Or il a été vu plus haut que le CA de la BEAC comprend trois administrateurs français et que chaque administrateur a un suppléant. Il en résulte que le comité national de la BEAC comprend en définitive trois suppléants français dont le nombre passe à quatre lors des réunions de cet organe avec la présence statutaire d'un censeur français dont le nombre passe à quatre lors des réunions de cet organe avec la présence statutaire d'un censeur français.

Ces censeurs assurent le contrôle des comptes de la BEAC, la régularité de ses opérations, et l'exécution du budget. De plus, ils proposent au CA toutes les mesures nécessaires à cette fin et assistent aux réunions des comités nationaux avec voix consultative. Leurs avis sont obligatoirement consignés au procès-verbal. Ils peuvent se faire communiquer par le gouverneur de la banque centrale et les directions nationales, tous les renseignements utiles à l'exercice de leur mandat. Ils établissent un rapport annuel qui est soumis au CA avant d'être transmis aux États membres. Leurs indemnités sont fixées par le CA de la BEAC. [3]

[1] Article 53 des statuts de la BCEAO

[2] Article 39 des statuts de la BEAC

[3] Article 54 de la BEAC

Comme dans les autres organes de la BC, la France exerce son contrôle direct par représentation et surtout un droit de véto.

Chapitre IV - Les principes directeurs de l'accord de coopération de la zone franc

En Afrique, la zone franc est aujourd'hui régie par le traité constituant l'Union monétaire Ouest africaine du 14 novembre 1973 (accord de coopération entre les pays membres de l'Union monétaire Ouest africaine (UMOA) et la République française du 14 décembre 1973.) Ainsi que la convention de coopération monétaire entre les États membres de la Banque des États de l'Afrique Centrale et la République française du 13 novembre 1972. La République Fédérale Islamique des Comores a officiellement adhéré à la zone franc le 23 novembre 1979, en application d'un accord de coopération monétaire.

Quatre principes qui constituent la base de l'organisation de la zone franc régissent la coopération financière franco-africaine à savoir :
La libre convertibilité des monnaies africaines garantie par le trésor français
La libre fixité des parités
La centralisation des réserves de change
La liberté absolue des transferts (libre transfert)

Ces quatre principes, à l'instar de l'objet d'un contrat, c'est à dire la chose au sujet de laquelle le contrat est conclu, ont des objectifs précis à but monétaire avec tout ce que cela recouvre comme avantages à venir supposés pour les cocontractants ou parties prenantes à l'accord : la France et plus particulièrement les pays africains de la zone franc, pour leur enrichissement et leur développement économique à l'image de leur puissant cocontractant, censé leur apporter son expérience et son savoir-faire en la matière (A).

Toujours est-il que comme tout acte juridique, toute convention, tout accord, les principes fondateurs de la zone franc par-delà l'objet immédiat affiché des accords, vont vite se trouver confrontés à la dure réalité quotidienne du terrain économique international. C'est à dire l'exécution d'un contrat international à long terme ou comme ici la mise en œuvre des accords de coopération dans le concert des nations. Une réalité inhérente à la vie internationale d'une monnaie de quinze pays associés à un puissant partenaire, la France. Ces accords de coopération ont-ils été suivis de l'effet escompté au regard des avantages supposés et annoncés qui ont sous-tendu la démarche, initiale, c'est toute la question (B).

A - Les objectifs des principes de l'accord de coopération et leurs avantages

1- Le principe de la libre convertibilité du franc CFA

La convertibilité du franc CFA avec le franc français est illimitée.[1] Depuis 1999 c'est avec l'euro que la convertibilité du franc CFA est illimitée.
Selon ce principe, « la monnaie émise par les différents instituts d'émission de la zone franc est garantie sans limite par le Trésor français. »[2] Ainsi le trésor français réalise la convertibilité des francs CFA hier en franc français et aujourd'hui en Euro, de façon libre et illimitée.

La garantie de la France octroyée aux PAZF consiste simplement à convertir les francs CFA en euros, moyennant perception par elle des commissions à la hauteur des opérations réalisées comme le ferait un établissement de change normal.

---

[1] Lire article 9, titre II, P.7 de la convention de coopération monétaire entre le Tchad, le Cameroun, Centrafrique, Congo, Gabon et la France. Lire aussi l'article 1° de l'Accord de coopération financière entre la France et les pays membres de l'Union Monétaire Ouest africaine (UMOA) qui sont la Côte d'ivoire, le Bénin, le Burkina Faso, le Niger, le Sénégal, le Togo, le Mali, la Guinée Équatoriale et la Guinée Bissau.

[2] Centre International de formation Bancaire (C.I.F.P.B.) Institut technique de banque (I.T.B) la zone franc, 3° édition p. 15

Une telle opération a pour principal avantage, l'accès à toutes les devises fortes du monde par le biais de monnaies de substitution, le franc français et aujourd'hui l'euro.

Ainsi grâce à cette garantie française, le franc CFA est sollicité par les autres pays africains hors zone et à monnaie inconvertible et même parfois fondante.
Trésor français, garantie de la France, monnaie de substitution, tels sont les fondements, les bases sur lesquelles repose ce principe de libre convertibilité.
Tout repose donc sur l'appui, la sûreté d'un puissant protecteur, partenaire et cocontractant, la France. A l'ombre des ailes et sous la puissante protection de laquelle rien ne peut arriver aux pays de la zone franc au niveau international quant à la libre convertibilité du franc CFA à travers ce principe.

C'est un avantage de prime abord certes, mais est-ce bien suffisant et viable à long terme de toujours compter sur les puissants, comme au temps des colonies, sur quelqu'un d'autre que sur ses propres forces et sur ses propres capacités à vouloir s'assumer, à s'en sortir, comme si l'indépendance et la souveraineté ne rimaient à rien.
Et qu'elles peuvent en être les bénéfices et les conséquences par rapport aux autres pays, ceux dont la monnaie n'est pas convertible. Se portent-ils pour autant moins bien au niveau économique de ce fait que les pays de la zone franc ? véritable baromètre de ce supposé avantage.

Et justement un autre avantage non négligeable de cette convertibilité d'après ses concepteurs est qu'elle serait attractive des investissements directs étrangers (IDE). Ces investissements qui désignent le flux des investissements réalisés par les entreprises d'un pays tiers en vue d'acquérir un intérêt ou une position durable dans une ou plusieurs entreprises installées dans un autre pays. Au sens de l'Institut National de la Statistique des Études Économiques (INSEE) français, un investissement direct étranger est matérialisé dès lors qu'une entreprise d'un pays tiers acquiert au moins 10 % du capital d'une entreprise étrangère ou localisée à l'étranger.

L'investissement direct à l'étranger (IDE) peut se définir en définitive comme une opération par laquelle un investisseur basé dans un pays (pays d'origine) acquiert un actif dans un autre pays (pays d'accueil) avec l'intention de le gérer. Il recouvre trois formes d'opérations :
La participation au capital (par fusion, acquisition ou création de nouvelles installations) à un niveau suffisant pour exercer un contrôle ;
Le réinvestissement sur place des bénéfices d'une filiale implantée à l'étranger ;
Les prêts à court ou long terme réalisés entre la société mère et sa filiale.
Le seuil de contrôle est difficile à définir : la banque de France conformément aux décisions du Fonds monétaire international (FMI), considère qu'il y a investissement direct lorsque l'investisseur contrôle 10 % ou plus du capital de l'entreprise dont il a acquis l'action.[1]

2- Le principe des parités fixes

Selon l'article 11 de la convention de coopération monétaire entre les États membres de la BEAC et la France, *« la parité entre le franc CFA et le franc français est fixe »*. Le même principe s'énonce dans l'article 2 de l'Accord de coopération entre la France et les membres de l'UEMOA de la manière suivante : *« les transactions entre le franc français et la monnaie de l'union s'effectueront à un cours fixé sur la base de la parité en vigueur. »* L'accord de coopération entre la France et la République fédérale islamique des Comores est basé sur les mêmes quatre principes régissant la coopération financière franco-africaine.

Depuis le 1° janvier 1999 et l'avènement de l'euro, la parité entre le franc CFA et l'euro est fixe. Ainsi le franc CFA est et

[1] A. Beiton, A. Cazorla, E. Hemdane, *Dictionnaire de science économique*, 5° édit. Armand Colin 2016 p. 369

sera toujours lié au franc français et à l'euro depuis le 1 janvier 1999 après la disparition du franc français.
Ce principe de fixité présente l'avantage d'une monnaie stable. Une fixité-stabilité qui évite les risques de change et facilite dans une certaine mesure, l'accès au vaste marché européen. Stabilité, exclusion du risque de change, accès au marché européen, telle est la série d'avantages qu'offre ce principe de fixité aux pays de la zone franc.

3- Le principe des comptes d'opérations

La centralisation des réserves dans la monnaie de référence, le franc français (aujourd'hui l'euro) constitue une des caractéristiques essentielles de la zone franc. Cette mise en commun des avoirs extérieurs des différents pays membres se concrétise par la création de comptes d'opérations.

La convention entre la France et l'Afrique de la zone franc stipule que : les États membres conviennent de mettre en commun leurs avoirs extérieurs dans un fonds de réserves de change. Ces réserves feront l'objet d'un dépôt auprès du Trésor français, dans un compte dénommé : compte d'opérations. »[1] Et « la banque versera au compte d'opérations les disponibilités qu'elle pourra constituer en dehors de sa zone d'émission. »[2]

Ainsi au début des indépendances depuis 1960, la France exige que les pays de la zone franc déposent 100 % de leurs réserves de change dans les comptes d'opérations ouverts dans les livres du Trésor public français au nom de chacune des deux banques centrales, la BCEAO et la BEAC. Les banques centrales sont tenues de verser sur ce compte la totalité des avoirs extérieurs qu'elles détiennent.

---

[1] Article 11 de la convention de coopération monétaire entre la France et les États membres de la BEAC, 13 mars 1973.

[2] Article 2 de la convention de compte d'opérations entre la France et les pays africains de la zone franc (les PAZF)

Puis en 1973, ce taux a été réduit à 65 %. La convention de 1973, qui se veut plus souple, contraint les PAZF à déposer au Trésor français 65 % au moins de leurs réserves de change. La convention les autorise à détenir au maximum 35 % de leurs avoirs extérieurs pour répondre à leurs besoins de trésorerie et honorer leurs engagements auprès du FMI et de la BRI (Banque des règlements internationaux.) [1]

Depuis le 20 septembre 2005, ce taux[2] est égal à 50 % pour la BCEAO et à 60 % pour la BEAC dont la quotité se réduit à celle de son homologue de l'Afrique de l'Ouest dès le premier juillet 2009, le taux de 65 % est inchangé pour la BCC des Îles Comores. « Ainsi depuis septembre 2005, ce principe fondamental exige des pays africains de la zone franc, le dépôt de la moitié de leurs réserves en devises obtenues dans la vente de leurs différentes matières premières, dans un compte d'opérations logé au sein du Trésor public français et géré par ce dernier. C'est dire que toute exportation ou toute transaction financière faite sur le marché international par chaque pays membre de la zone franc voit ses recettes en devises retenues à 50 % par le Trésor public français.

Pour être plus précis, le système fonctionne de la manière suivante : lorsque les pays de la zone franc font leurs transactions sur le plan international au cours de la vente de leurs matières premières, ces transactions se font évidemment en devises. Une fois la vente effectuée, la contrepartie des exportations des États membres est transférée entièrement à la Banque Centrale Européenne (BCE). Dès lors la BCE crédite le compte du Trésor public français du montant en monnaie française (actuellement cela se fait en euro) correspondant aux devises encaissées.

A partir de ce moment, le Trésor public français à son tour crédite le compte d'opérations de la banque Centrale du pays

---

[1] Article 3 de la convention de compte d'opérations Article 3 de la convention de compte d'opération

[2] Avenant n° 1 du 20 septembre 2005 à la convention de 1973

exportateur. Par exemple si les devises proviennent des exportations du coton béninois, le compte d'opérations de la BCEAO au Trésor public français est crédité du montant correspondant, mais en euro. Ainsi le fruit de la vente des matières premières des pays de la zone franc devient une réserve pour la banque Centrale Européenne (BCE), au titre de l'État français. Pendant ce temps, la BCEAO n'a que des euros sur son compte d'opérations alors qu'elle a reçu des dollars, des livres sterling, et bien d'autres devises de leurs différents clients à travers le monde.»[1]

En contrepartie du respect rigoureux de ce principe de centralisation des réserves de change à Paris par les africains, le Trésor français s'engage à fournir toutes les sommes dont les banques centrales africaines peuvent avoir besoin, aussi bien pour leurs règlements à l'intérieur de la zone que pour leurs paiements extérieurs en devises.[2]

« Le compte d'opérations peut devenir débiteur sans qu'aucune limite ne soit assignée à ce découvert. Lorsque le solde est débiteur, le Trésor français perçoit des intérêts »[3] payés par les africains. Dans le cas contraire, c'est-à-dire lorsque le solde du compte d'opérations est créditeur, le trésor français verse des intérêts aux africains.

4 - Le principe de libre transférabilité des capitaux

L'article 10 de la convention de coopération monétaire entre la France et les États de l'Afrique centrale stipule que *« Les transferts de fonds entre les États membres et la France sont libres »* Selon l'article 4 alinéa 3 du traité constituant l'UEMOA, les États signataires s'engagent à respecter *« La libre circulation des signes monétaires et la liberté de transfert entre les États de l'Union. »* l'article 6 de l'accord de coopération franco-ouest

---

[1] Yacouba Fassassi, *Le franc CFA ou la monnaie des pays PMA (les pays Pas Moyen d'Avancer)* édit. L'harmattan 2013 p. 94-95

[2] Institut technique de banque (ITB) « la zone franc » 3° édition, p. 15

[3] Op. Cit.

africain précise que *« La réglementation uniforme des relations financières extérieures des États de l'union ... sera maintenue en harmonie avec celle de la république française. « Cette harmonisation assurera en particulier, la liberté des relations financières entre la France et les États de l'Union. »*

Par ailleurs, le libre transfert des capitaux est inscrit dans les accords de Lomé et dans les codes d'investissement africains. Il permet aux investisseurs étrangers de rapatrier sans limite leurs énormes bénéfices réalisés dans la PAZF. Grâce à ce principe d'expatriation illimitée des bénéfices, les investisseurs étrangers inonderont de leurs immenses capitaux l'Afrique de la zone franc dont le développement socio-économique serait ainsi accéléré. Tel est le principal avantage que ce principe pourrait bien rapporter aux pays de la zone franc. Nous verrons bien à la lumière des faits s'il y a concordance entre les avantages espérés et la réalité du terrain économique dans lesdites zones pour ces pays.

B - Les principes de l'accord de coopération et la réalité du terrain économique international : les inconvénients du principe

Quatre principes directeurs dont les avantages ont été mis en avant, vantés, et présentés comme levier, facteur d'un développement économique et social pour les pays de la zone franc sous-tendent le contrat de coopération comme évoqué ci-dessus.
Cinquante ans (50) après la signature de l'accord de coopération, face à l'épreuve non seulement du temps et du long terme mais aussi et surtout face à la réalité du terrain économique international pour laquelle ces principes ont été spécifiquement retenus, avec tout ce que cela recouvre en termes de développement économique, de progrès social, la question se pose de savoir si ce qui a été présenté comme « avantages », l'est effectivement et si les pays de la zone franc ont surtout tiré un bénéfice significatif de ces principes par rapport à ce qui leur

a été annoncé en comparaison d'avec la situation des autres pays à monnaie non convertible et particulièrement les pays africains. L'occasion pour nous de passer en revue les avantages des principes.

1- Le principe de libre convertibilité et la réalité du terrain économique international

Trois avantages sous-tendent le principe de libre convertibilité : la garantie sans limite du franc CFA par le trésor français, l'accès à toutes les devises du monde par le biais d'une monnaie de substitution, l'attractivité des investissements directs étrangers (IDE). Qu'ont donné ces avantages face à la réalité du terrain économique international ? A cette question il convient d'ajouter *in fine* le fait que la libre convertibilité du franc CFA favorise aussi la fuite des capitaux.

a- La garantie sans limite du franc CFA par le trésor français

Eu égard à la qualité du garant et à l'étendue de la garantie, on peut dire sans hésiter qu'elle est intéressante et de poids de prime abord. Mais soixante-dix-huit (78) ans après la création du franc CFA, soixante-deux ans (62) après les indépendances et cinquante et un ans (51) après la signature de l'accord de coopération, est-ce vraiment un avantage comme souligné plus haut de toujours compter sur un puissant protecteur ? les avis sont partagés.

Force est de reconnaître qu'une démarche, voire une situation acceptable à la création de cette monnaie qui avait besoin d'un garant fort pour guider, accompagner et affermir ses premiers pas, soixante-dix-huit (78) ans après sa création, est difficilement compréhensible et pose surtout le problème sur la capacité réelle de ces pays à s'assumer pleinement, à grandir sur le plan monétaire et à sortir une fois pour toutes de la tutelle et du parrainage permanent de la France.

Il est à noter de surcroît que cette garantie a un prix et coûte chère aux pays de la zone franc, parce que comme déjà souligné, cette garantie qui consiste simplement à convertir le franc CFA en euro est fait moyennant perception de commissions à la hauteur des opérations réalisées comme le ferait un établissement de change normal, sans oublier qu'avec le temps et le long terme, les revenus tirés des matières premières des pays de la zone franc se sont considérablement accrus.

Ces sommes considérables qui pourraient servir à autre chose comme par exemple être affectées au budget de fonctionnement au regard d'immenses besoins des pays de la zone franc et qui servent au final à rémunérer la garantie du trésor français.
Avec l'effet du temps et du long terme qui a accru les revenus des pays de la zone franc, et partant augmenté de manière exponentielle les commissions perçues à hauteur des opérations réalisées, cette garantie sans limite est loin d'être un avantage pour ces pays.

b- L'accès à toutes les devises fortes du monde par le biais d'une monnaie de substitution

Un préalable : le franc CFA n'a pas cours en France. Il est bien la monnaie des colonies, même soixante-dix-huit (78) ans après sa création.
Il y a même mieux, le franc CFA de la BCEAO et celui de la BEAC ne sont pas convertibles entre eux malgré le fait qu'il s'agit bien du même franc CFA de deux zones, fruit du contrat de coopération entre la France et les pays de la zone franc, que la libre convertibilité régit un des principes directeurs, et que les pays de la zone franc aient accès à toutes les devises fortes du monde. Ce sont là quelques incongruités de ce principe de libre convertibilité.

Avoir accès à toutes les devises du monde est un avantage non négligeable voire certain ; mais cet accès se fait avec une monnaie de substitution, tel est le deuxième avantage de ce principe de libre convertibilité. Avec cette technique de substitution, s'agit-il toujours du franc CFA ou de l'œuvre d'une monnaie de remplacement qui tient la place et remplit une mission normalement dévolue au franc CFA. Telle est la situation qui sous-tend la lancinante question de fond.

Sans entrer dans les détails de la technicité de la substitution monétaire, nous disons que cette démarche, ce choix stratégique de la politique monétaire de ces pays n'est que la suite logique de ce qui s'est toujours fait à l'instar et dans la mouvance de ce qui précède avec la garantie du trésor français, un puissant garant qui assure la garantie sans limite du franc CFA. Ici c'est au tour de la monnaie de substitution d'assurer l'accès à toutes les devises fortes du monde pour les pays de la zone franc. Nous sommes toujours dans la même démarche, mieux, dans la même dialectique de parrainage, celle du porte-fort,[1] une technique bien connue des juristes et /ou celle plus général de la tâche accomplie par un autre organe que celui qui doit normalement l'exécuter et l'assumer comme ici avec la monnaie de substitution, un choix et une démarche stratégique volontairement assumés.

Somme toute, est-ce bien un avantage quand c'est une monnaie de remplacement qui donne accès à toutes les devises fortes du monde ? Comme toujours, les avis sont partagés, car avoir accès à toutes les devises fortes du monde est un avantage indéniable pour les échanges internationaux ; mais est-ce bien un avantage pour les pays en question avec les incongruités que nous soulignions au début, même si le franc CFA est sollicité par les autres pays africains hors zone franc et à monnaie inconvertible et même parfois fondante.

---

[1] Celui qui se porte fort. Nom donné à la convention (promesse ou clause de porte-fort) par laquelle une personne s'engage envers une autre (qui accepte le risque) à obtenir l'approbation d'un tiers à un acte envisagé (vente, partage) et s'expose personnellement à une indemnité pour le cas où ce tiers, comme il est libre de le faire, refuserait de ratifier l'acte (art 1120 C. Civ.) Exemple, un tuteur qui se fait fort, en vendant le bien de son pupille, de faire ratifier la vente par celui-ci à sa majorité. G. Cornu, *Vocabulaire juridique,* 11° édit. 2016, Puf. p. 777

Solliciter une monnaie parce qu'elle donne accès à toutes les devises du monde par le biais d'une monnaie de substitution est une chose appréciable pour les transactions internationales ; mais qu'elles peuvent en être les bénéfices et les retombées économiques par rapport aux autres pays, ceux dont la monnaie n'est pas convertible, tel est le fond du problème. (Être seulement un moyen et non une finalité). Ce libre accès aux devises mondiales devant être le baromètre de cet avantage.

Logiquement, les pays de la zone franc devraient nettement mieux se porter économiquement par rapport aux pays à monnaie inconvertible du monde, surtout ceux du continent africain suivant la logique qui sous-tend cet avantage.
Mais contrairement aux pays africains à monnaie non convertible comme le Nigeria et les pays de Maghreb : Algérie, Maroc, Tunisie, l'économie des pays de la zone franc se portent nettement moins bien. Cette libre convertibilité ne profite pas comme il se doit à l'économie des pays de la zone franc et pourtant elle est qualifiée d'avantage.
Mais de quel avantage s'agit-il ? un avantage par rapport à cette facilité de simple transaction monétaire internationale ou un avantage par rapport à l'apport économique ou les deux à la fois, vu que la facilité de la transaction internationale a pour finalité l'amélioration économique et partant le développement.

Au regard de la situation économique globale des pays de la zone franc, en comparaison avec celle des pays à monnaie inconvertible, dans le monde et en Afrique en particulier, parler ainsi d'avantage en termes d'apport économique et de développement qu'il engendre relève d'un euphémisme, comme va le confirmer les investissements directs étrangers (IDE) un autre avantage de la libre convertibilité.

c- L'attractivité des investissements directs à l'étranger (IDE)

Comme annoncé plus haut dans les avantages de l'accord de coopération franco-africaine, la libre convertibilité serait un facteur d'attractivité des Investissements Directs à l'Étranger (IDE). La France signataire, puissant partenaire des accords de coopération, cheville ouvrière de cette stratégie et de ce mécanisme devrait logiquement par le biais des IDE, donner l'exemple et investir prioritairement et massivement dans les pays de la zone franc à monnaie convertible eu égard aux avantages supposés de ce principe de libre convertibilité pour faire la preuve du bien-fondé de ce choix aux yeux de ses partenaires et cocontractants africains.

Les pays de la zone franc qui bénéficient d'une monnaie librement convertible devraient avec ce franc CFA attirer pour leur part inéluctablement des IDE en comparaison des pays dont la monnaie n'est pas convertible dans le monde et particulièrement en Afrique pour confirmer et asseoir les avantages de ce principe. Mais la réalité des faits et les chiffres des IDE dans le monde prouvent tout le contraire ; car comme il nous sera donné de le vérifier, ce n'est pas parce qu'une monnaie est convertible qu'elle attire forcément les IDE ou qu'il faille aller investir dans le pays émetteur de cette monnaie. Tout comme l'inconvertibilité d'une monnaie nationale n'a jamais été un quelconque frein à l'arrivée dans le pays d'accueil des IDE. L'exemple de la Chine en la matière est assez révélateur.

La Chine est devenue la première destination des IDE devant les États-Unis et le Japon alors que sa monnaie le Yuan est inconvertible. Ainsi la Chine « Atelier du monde » a construit son essor sur une capacité exportatrice largement liée à l'attrait de la main d'œuvre sur les multinationales en mal de délocalisation et auxquelles le pays a largement ouvert ses portes après les réformes de 1978. La Chine combine aujourd'hui le libéralisme économique et le régime de parti unique et invente corrélativement un capitalisme sans entrepreneur.

La Chine est devenue la première destination des IDE au monde. Elle a détrôné les États-Unis en 2014, selon le dernier rapport

des Nations Unies « les Etats-Unis sont détrônés par la Chine qui devient la première destination mondiale des flux des IDE juste devant Hong-Kong. Malgré une baisse de régime de la locomotive chinoise, les IDE ont progressé de 123 à 128 milliards de dollars qu'il faut aussi mettre en perspective avec une forte progression à Hong-Kong de 39 %. Les coréens et les japonais ont montré un regain d'appétit pour l'empire du milieu avec une hausse respective des IDE de 30 % et 39 % ainsi que les américains plus de 21 %.
C'est surtout le secteur des services qui bénéficie en Chine de cet afflux de capitaux étrangers, dans la distribution, la finance, et les transports… alors que l'investissement dans l'industrie tend à diminuer en raison de la hausse des coûts de la main d'œuvre.

Selon les projections de la CNUCED qui s'appuie aussi sur les enquêtes réalisées auprès des multinationales, le trou d'air ne devrait pas durer. Les prévisions tablent sur une progression de 40 % des IDE dans le monde d'ici 2017. La Chine, l'Inde et les États-Unis sont les trois pays les plus cités par les entreprises.[1]
L'investissement direct étranger (IDE) en Chine fait partie des stratégies d'ouverture établies dans le but d'augmenter encore plus les capitaux étrangers dans le pays de Mao et ainsi développer l'économie du pays. Cette stratégie a permis à la Chine d'être à la tête du classement des économies les plus attractives pour 2013-2015. Pour illustrer cela, l'année 2013 a vu un IDE augmenter près de 5 % par rapport à l'année précédente.

Aujourd'hui la Chine est un marché qui semble plus attirer les investisseurs étrangers pour plusieurs raisons. Le pays a avant tout un potentiel de croissance considérable de par la taille de son marché qui s'élève à 1,3 milliard de consommateurs potentiels, mais c'est aussi un marché en forte croissance avec 8 % de croissance annuel minimum. Depuis 20 ans déjà, la Chine reste attractive par rapport aux coûts de sa main d'œuvre

[1] Figaro –économique 24 juin 2015

qui sont faibles, malgré le fait que dans certains secteurs ça change.
La Chine reste un marché attrayant et qui a perduré malgré la crise financière ; le pays reste une base de production à bas coût avec ses employés nombreux et compétents et surtout désireux d'apprendre et d'évoluer.[1]

En Inde la monnaie nationale, la roupie est inconvertible et pourtant ce pays est un autre géant comme la Chine. Une grande puissance économique qualifiée volontiers de « bureau du monde » par les spécialistes qui a tiré parti de sa classe moyenne, des employés des centres d'appels aux ingénieurs informaticiens. Les grandes multinationales (pharmaceutiques, informatiques) investissent énormément en Inde. D'abord pays émergent, l'Inde fait aujourd'hui partie des BRICS (Brésil, Russie, Inde, Chine Afrique du Sud.)

En Afrique nombre de pays ont une monnaie qui n'est pas convertible et encore moins garantie comme le franc CFA. Et pourtant les IDE y ont un niveau respectable et se portent bien, loin devant ceux réalisés dans les pays de la zone franc.
Paradoxalement, la France et l'UE arrivent en tête dans ces pays avec des IDE entrants conséquents.
Plus étonnant encore, est le fait que parmi ces pays figurent surtout ceux qui ont rompu avec le franc CFA pour une souveraineté monétaire comme l'Algérie, au prix d'une guerre de libération, le Maroc, la Tunisie, tous ces pays sont d'Afrique du nord

Le Maroc
Le Maroc a abandonné le franc CFA pour créer sa propre monnaie le dirham. Toujours est-il que le Maroc a continué d'avoir d'excellents rapports de coopération économique avec l'ancienne puissance colonisatrice, la France. Le royaume chérifien demeure sans garantie de la France, son premier partenaire économique en termes d'IDE.

---

[1] Financial and Tax Advison

En 2007, Nicolas Sarkozy, président français a signé un grand contrat commercial avec le Maroc que décrit l'AFP en ces termes « le président Nicolas Sarkozy a annoncé mardi à Rabat que la France avait signé la veille des contrats avec le Maroc pour un montant de 3 milliards d'euros. C'est une magnifique visite d'État. Les intérêts de la France y sont bien défendus. Nous avons signé hier pour trois milliards d'euros de contrat avec sa majesté, a déclaré le président français aux journalistes à la suite de son intervention devant le parlement marocain. « Le contrat le plus important a été la réalisation d'une ligne de train grande vitesse (TGV) entre Tanger et Casablanca, estimé à deux milliards d'euros, dont la moitié reviendra à trois entreprises françaises, Alstom, la Société Nationale des Chemins de fer Français (SNCF) et réseau ferré de France (RFF), pour le matériel roulant et l'équipement de la voie (signalisation, sécurité) avait affirmé lundi la présidence française.

Par ailleurs Alstom a signé deux autres importants contrats : le premier avec l'office national des chemins de fer marocain (ONCF) se montant à 74 millions d'euros pour la livraison, à compter de 2010, de 20 locomotives Prima électriques de nouvelle génération. Un autre contrat de 200 millions d'euros a également été signé. Il concerne l'équipement d'une centrale à cycle combiné à Aïn Béni Mathar, situé à une centaine de kilomètres d'Oujda, dans le nord-est du pays.
La France doit en outre vendre au Maroc une frégate polyvalente de classe FREMM. Selon la presse marocaine, le coût se monte à 500 millions d'euros.
Il a également été décidé que la France moderniserait vingt-cinq hélicoptères Puma et 140 véhicules de l'armée marocaine. La France fournira d'autre part au royaume chérifien un système de surveillance des frontières...la France va par ailleurs ouvrir un crédit de 38 milliards d'euros pour le financement du projet d'assainissement de la ville de Nador (nord-est) et devrait faire un don de huit millions d'euros pour soutenir l'INDH (Initiative national pour le développent humain) – un programme social qui cible les régions et les quartiers les plus pauvres du Maroc.[1]

[1] Agence française de presse du 22 octobre 2007

D'une manière générale, les IDE se portent bien au Maroc.
En 2015 les IDE sont à leurs meilleurs niveaux depuis une décennie. A plus de 3,6 milliards d'euros sur l'année, ces IDE entrants au Maroc se sont situés à un haut niveau en 2015, un des meilleurs de la dernière décennie.
Vers les sommets de 2015, le flux d'IDE entrants au Maroc a été l'an dernier un des plus élevés de la dernière décennie. Selon les statistiques provisoires de l'office des changes du Maroc, ceux-ci se sont élevés à 39,02 milliards de dirham soit 3,6 milliards d'euros (1000 dirhams = 93 euros) un chiffre en progression de 6,7%. Ce flux représente plus de 3,5% du PIB.
En grande partie d'origine européenne dans le domaine industriel, ces investissements sont concentrés dans l'automobile et l'aéronautique avec les projets de groupes comme PSA, Stelia, Figeac, programmes d'investissement du canadien Bombardier ou du japonais Yazaki.

L'Algérie

L'Algérie dont la monnaie le dinar algérien n'est pas convertible et qui s'est débarrassée du franc CFA au prix d'une guerre de libération, entretient des relations commerciales avec l'ancienne puissance colonisatrice qui investit massivement et qualitativement dans son ancienne colonie.
Toujours en 2007 (4 décembre 2007), à l'occasion d'une visite de Nicolas Sarkozy en Algérie, plusieurs entreprises françaises, dont Total, Gaz de France et Alstom, ont engrangé des contrats représentant près de 5 millions d'euros. La France et l'Algérie ont également conclu un accord sur l'utilisation et le développement de l'énergie nucléaire à des fins pacifiques. Cet accord concerne la recherche fondamentale, les transferts de technologie, la formation, la production d'électricité, ainsi que la prospection et l'exploitation de l'uranium. Les contrats signés aujourd'hui concernent également la pétrochimie, le gaz naturel et l'énergie. Le groupe pétrolier Total a annoncé avoir conclu un contrat avec le groupe algérien Sonatrach pour le lancement d'un complexe de pétrochimie à Arzew (ouest algérien), pour un montant de l'ordre de trois milliards de dollars. Pour sa part le groupe français Gaz de France (GDF) a conclu un accord, toujours avec Sonatrach, pour prolonger ses contrats

d'approvisionnement en gaz naturel liquéfié (GNL) jusqu'en 2019 … Cet accord va permettre à Gaz de France de sécuriser une large part des approvisionnements de la France jusqu'en 2019. »[1]

La Tunisie

Comme les deux autres pays du Maghreb, la Tunisie s'est elle aussi débarrassée du franc CFA pour une souveraineté monétaire en 1958 au profit de sa propre monnaie le dinar tunisien qui n'est pas non plus convertible au niveau international, ce qui n'a pas empêché la Tunisie de bénéficier d'un flux important d'IDE.

Les IDE en Tunisie représentant 10 % des investissements productifs et génèrent le tiers des exportations et plus de 15 % du total des emplois selon le CNUCED.

La France se situe au premier rang des flux d'IDE par pays avec 20 % en 2015, confirmant ce qui avait déjà été commencé en 2008 avec la signature d'importants contrats et des accords estimés à 1,360 milliard d'euros dont un milliard d'euros pour la vente de 19 avions par l'avionneur européen Airbus et 360 millions d'euros « pour la fourniture d'une centrale thermique par le groupe Alstom. L'accord sur le nucléaire civil a été paraphé entre les présidents Sarkozy et Ben Ali. Ils portent notamment sur la formation d'ingénieurs et la création de laboratoires de recherche qui, à terme, dans quinze ou vingt ans, ouvriront la voie à l'éventuelle livraison de centrales nucléaires.[2]

Le Nigeria

Le Nigeria a lui aussi une monnaie, le naira qui n'est pas convertible comme les trois précédentes monnaies des pays d'Afrique du nord ci-dessus citées. Et pourtant, ce pays demeure un géant économique loin devant les 14 pays de la zone franc et surtout le premier partenaire commercial de la France en Afrique au sud du Sahara.

---

[1] Libération.fr. Mardi 4 décembre 2007

[2] Agence française de presse du 29 avril 2008

Près d'une centaine d'entreprises battant pavillon français sont installées au Nigeria et 1800 sociétés y exportent (essentiellement du BTP, des télécommunications, des services para pétroliers). A l'occasion de la visite en France, jusque mercredi, du président nigérian Muhammadu Buhari, les grands groupes de l'hexagone et leurs sous-traitants comptent se positionner sur les grands projets de développement agricole, énergétique, les infrastructures et les transports urbains (métro de Lagos notamment) et la grande distribution.
L'Élisée déroule le tapis rouge pour Muhammadi Buhari. Pour sa première visite officielle en France, le nouveau président du Nigérian sera reçu à l'Élysée lundi soir pour un entretien suivi d'un dîner de travail et rencontrera, les deux jours suivants, cinq ministres de premier plan : Laurent Fabius (Affaires étrangères) Jean Yves Le Drian (défense) Emmanuel Macron (Économie), Michel Sapin (Budget) et Christiane Taubira (Justice) [1]

C'est ce que confirme l'ambassadeur de France au Nigeria « le commerce entre le Nigeria et la France se chiffre à plus de 7,3 milliards de dollars (soit plus de 3.650 milliards de francs CFA) », et il ajoute, « soit plus que les produits intérieurs bruts, PIB de 20 pays africains au sud du Sahara, et dont dix francophones de l'Afrique de l'Ouest ». Et il conclut « le Nigeria est l'avenir de l'Afrique. Nous français, croyons sérieusement au potentiel économique du Nigeria et nous sommes convaincus que ce pays devrait être classé parmi les grands pays de ce monde non seulement du point de vue économique mais aussi à plusieurs points de vue : transparence dans les affaires, le cadre institutionnel, réglementaire et juridique des affaires … » [2]

Somme toute, au regard de ce que nous venons de voir avec les IDE entrants dans ces pays, la thèse de la convertibilité du franc CFA comme facteur d'attractivité des IDE ne tient pas la route,

---

[1] P. Airault *L'Opinion* 14 septembre 2015

[2] Ambassadeur de France au Nigeria Jacques Champagne de Labriolle, dans son discours à l'occasion de la fête nationale française du 14 juillet 2012 à Abuja, Punch lundi 16 juillet 2012, cité par Yacouba Fassassi p. 103 dans son ouvrage sur le franc CFA

n'est pas exacte et est même loin de la réalité de l'économie internationale actuelle.
Loin de ce supposé avantage, l'attractivité des IDE tient à la capacité d'un pays à mettre en place les conditions pour attirer chez lui les investisseurs étrangers, à moderniser son industrie. Un acte volontariste étatique à la modernisation de l'économie et non la convertibilité d'une monnaie quelle que parrainée puisse-t-elle être.

d- La libre convertibilité du franc CFA favorise la fuite des capitaux

Loin d'être un avantage aux dires de ses initiateurs, la libre convertibilité du franc CFA constitue plutôt un inconvénient et même un fléau pour l'Afrique. Ce constat afférent est dressé par l'agence de l'ONU pour le développement (CNCED) dans son rapport sur le développement économique de l'Afrique. Selon un expert de l'organisation, Samuel Gayi, cette somme représente près du double de la totalité de la dette africaine actuelle (215 milliards de dollars, soit 151 milliards d'euros).

Le phénomène connaît des variations. Entre 1991 et 2004, la fuite des capitaux a représenté chaque année en moyenne près de 10 milliards d'euros, « soit un pourcentage vertigineux de 7,6 % du produit intérieur brut (PIB) annuel » du continent, relève la CNCED.
Mais pour la seule année 2003, les sorties de capitaux ont atteint la somme record de 21 milliards d'euros. Cette « fuite des capitaux » continue « de priver les pays africains d'une quantité considérable de ressources pour l'investissement » « si ces ressources étaient allouées à des investissements productifs, elles permettraient de créer des emplois et de fournir des revenus à de larges segments de la population. »

Quinze pays africains utilisent comme monnaie le franc CFA dont la libre convertibilité en euro constitue l'un des facteurs majeurs qui favorisent un tel exode des capitaux du continent noir vers la France, la Suisse, l'Angleterre, et tous les pays membres de la zone euro. C'est parce que le franc CFA est

convertible que les pays de la zone franc (PAZF) connaissent une fuite de leurs capitaux beaucoup plus élevée qu'ailleurs. Pour l'Afrique, nombreuses sont les conséquences négatives qui génèrent ces multiples fuites de capitaux.
En effet par sa contribution objective à l'exode des capitaux, la libre convertibilité du franc CFA rend inefficaces les dettes extérieures contractées par l'Afrique. Parce que les africains retournent très facilement à leurs créanciers occidentaux les fonds qu'ils viennent à peine d'emprunter. [1]

2- Le principe des parités fixes et l'économie internationale

Ce principe de fixité des parités présente l'avantage d'une monnaie stable. Une fixité-stabilité qui évite les risques de change et facilite dans une certaine mesure, l'accès au vaste marché européen. Stabilité, exclusion du risque de change, accès au vaste marché européen, telle est la série d'avantages qu'offre ce principe de fixité aux pays de la zone franc comme souligné ci-dessus.

a- La fixité- stabilité

Le régime de change est l'ensemble de règles qui déterminent l'intervention des autorités monétaires sur le marché de changes et donc le comportement du taux de change. Il existe une diversité de régimes des changes parmi lesquels les changes flottants, les changes fixes etc. [2]
Dans un régime de changes fixes, la monnaie nationale de chaque pays membre est définie par rapport à un étalon (or ou devise). Cette définition constitue la parité officielle de la monnaie.[3] C'est ce change fixe qu'ont choisi les pays de la zone franc pour leur régime de change.

---

[1] N. Agbohou op. cit. p. 49
[2] A. Beiton, A. Cazorla, E. Hemdane, *Dictionnaire de science économique* 5° édit. 2016 p.529
[3] Op. cit. p. 590

La fixité veut dire que le franc CFA est et sera toujours lié au franc Français et à l'euro depuis le 1 janvier 1999, après la disparition du franc français, à savoir : 1 franc français = 50 francs CFA.
Toujours est-il que malgré cette fixité, le franc CFA a été unilatéralement dévalué par la France en 1994, une dévaluation décidée à Paris avec le soutien du FMI, avant que les États africains n'en soient informés par le ministre de la coopération. « 12 janvier 1994. Mitterrand et Balladur imposent la dévaluation du franc CFA. » Titre le journal L'Opinion. Ce qui confirme si besoin est non seulement que cette monnaie est sa propriété mais surtout qu'elle reste omnipotente, incontournable, qu'elle a la mainmise sur cette monnaie et sur la politique monétaire des pays de la zone franc.

Les réactions des chefs d'État africains remontés à la suite de cette dévaluation du franc CFA du 12 janvier 1994 en dit long sur la situation et surtout sur le comportement (l'attitude) de la France. Le président togolais Étienne Gnassingbé Eyadema affirme « la force prime souvent sur le droit. Je n'étais pas le seul à formuler cette mise en garde, mais la France…en a décidé autrement. Les voix africaines n'ont pas compté pour grand' chose dans cette affaire. »

Cela a eu lieu à Dakar le 11 janvier 1994 à l'occasion d'une réunion des chefs d'État du PAZF [1] en présence du ministre français de la coopération, des directeurs généraux du FMI et de la banque mondiale.[2] Voici le communiqué final lu par le ministre des Finances camerounais Antoine Ntsimi : *«Les chefs d'État de gouvernement ont marqué leur accord pour modifier la parité du franc CFA, qui s'établit à 100 francs CFA pour 1 franc français à compter du 12 janvier à zéro heure. »*

---

[1] Convoqués officiellement pour régler le problème de mauvaise gestion de la Compagnie Air Afrique, en vue de contourner les rumeurs pesantes de dévaluation du franc CFA qui couraient depuis plusieurs mois

[2] Sortir l'Afrique de la servitude monétaire. A qui profite le franc CFA ? édit. La Dispute 2016 p. 99 *La genèse du franc CFA* N. M. Kalife

Une bombe vient d'être lâchée ! on enterre le dogme de la parité fixe après 40 ans de statu quo monétaire. Difficile de justifier ce que beaucoup considèrent comme une trahison auprès de leur population.[1] Ainsi désormais, 1 franc français = 100 francs CFA. Un premier avantage de stabilité qui vole en éclats et qui est violé par son concepteur, initiateur et principal cocontractant.

Cette dévaluation du franc CFA met en lumière et fragilise l'avantage lié au choix originaire de change fixe-stabilité fait en amont car ce régime de change fixe porte en germe et sous-entend une intervention discrétionnaire (des banques centrales sur les marchés de changes) à un moment ou un autre contrairement à un régime de changes flottants (flexibles) où la monnaie fluctue au gré de l'offre et de la demande sur les marchés internationaux et est donc régie par le marché. Plusieurs facteurs expliquent cette dévaluation.

Le type d'économie des pays de la zone franc. Des pays sous-développés (ne serait-ce qu'à la création du franc CFA) avec une économie embryonnaire de type colonial. Une économie de rente basée essentiellement sur l'exploitation et l'exportation des matières premières. Des pays qui importent plus qu'ils n'exportent. Avec le temps et le long terme, le déficit commercial ne pouvait que s'accentuer rendant inéluctable la baisse de la valeur de la monnaie.
Les avantages de fixité liés à cette monnaie le sont- ils encore ? C'est toute la question.

Une nouvelle entorse à ce principe de stabilité qui s'ajoute à ce qui vient d'être décrit avec les IDE, sinon comment expliquer que malgré l'avantage que représente la fixité et la stabilité du franc CFA les investisseurs européens et français en particulier préfèrent aller investir au Nigeria, au Maroc, en Tunisie, en Algérie, hors de la zone franc.

---

[1] P. Airault L'Opinion

b- L'exclusion du risque de change

Chaque jour les cotations des marchés boursiers nous amènent leur lot de variations des taux de change monétaires. Des devises comme le dollar, la livre sterling, le yen, l'euro et bien d'autres devises étrangères voient leurs taux varier sans cesse, voire plusieurs fois dans la journée avec les risques de change que cela comporte. Le risque de change est donc inhérent à la vie de ces puissantes devises. On se demande alors comment l'exclusion du risque de change du franc CFA peut-il être présenté comme un avantage alors que les plus fortes devises n'y échappent guère.

Cette exclusion serait-elle une spécificité, un privilège du franc CFA ou simplement cette monnaie échapperait-elle à ce qui fait le lot du champ de la politique monétaire internationale et du marché de change international. Plusieurs facteurs ou hypothèses peuvent expliquer cette situation. La plus plausible serait que n'ayant pas par essence d'existence internationale propre parce que l'euro lui sert de monnaie de substitution pour les échanges internationaux, il est logique qu'il soit ainsi débarrassé de ce risque de change et garde sa fixité. (On ne peut assumer, voire répondre que de ses actes. Ne pouvant pas poser d'actes en son nom propre au niveau des transactions internationales, le franc CFA ne peut pas assumer le risque d'un acte qui lui échappe, en l'occurrence faire sa propre conversion.)

Cet avantage est tout à fait relatif ou simplement est un avantage d'emprunt, de substitution. Le risque de change est assumé par l'euro qui sert de monnaie de substitution. Ainsi, le franc est débarrassé d'un risque de change auquel il n'est pas soumis. N'ayant pas par essence une existence internationale propre parce que l'euro lui sert de monnaie de substitution, il est fort logique qu'il soit ainsi débarrassé de ce risque de change et garde sa fixité par rapport à l'euro.
Ce qui fait du franc CFA une monnaie spécifique, unique au monde à tous points de vue. C'est donc à se demander si ce qui est présenté comme un avantage n'est pas en définitive la

conséquence ou la résultante d'une existence d'emprunt ou par procuration de cette monnaie. Un avantage théorique, conditionnel.

Toujours est-il que cette exclusion du risque de change a un prix, comme il nous sera donné de le voir spécifiquement avec le compte d'opérations et le placement que fait la France des réserves du compte d'opérations.
L'euro qui varie comme les autres devises, le dollar en particulier, profite largement des fluctuations de cette devise avec les placements que fait la France du dépôt des avoirs des pays de la zone franc, pour récolter d'énormes intérêts. C'est le prix du risque de change et comme d'habitude des millions voire des milliards qui sont ainsi perdus par les pays de la zone franc.

c- L'accès au vaste marché européen

Dernier avantage du principe de fixité, avoir accès au marché européen est un atout appréciable eu égard à l'importance de ce marché et au nombre de pays qui aspirent à cet espace. Il faut bien admettre que n'a pas accès au marché européen qui veut, cet avantage doit donc être apprécié à sa juste valeur.
Encore faut-il à cet effet avoir des produits de qualité à proposer. Des produits qui répondent à des normes précises et surtout se soumettre et remplir le cahier des charges, des conditions d'accès.
Des produits de qualité qui répondent à des normes précises, telles sont les conditions essentielles par-delà, en sus des accords, convention entre l'UE et les potentiels partenaires. Les pays de la zone franc, par-delà cet accord synonyme d'avantage ont-ils de quoi proposer pour honorer ou justifier cet accès au marché européen ?

Un préalable : nous sommes face à un groupe de pays avec une absence ou une quasi absence du *« made in »* sur ou pour une large gamme de produits finis ou semi finis de grande consommation.

D'une manière générale et contrairement à certaines régions du monde comme l'Amérique latine, l'Asie du sud-est et de l'est, l'industrie[1] en Afrique (sauf l'Afrique du sud) pour une majorité de pays et nommément les pays de la zone franc est encore et reste à l'état embryonnaire voire au stade d'une industrie de type colonial, basée exclusivement sur l'extraction et l'exportation des ressources minières ou de matières premières sans aucune transformation sur place.

Hormis les matières premières minières et agricoles, les pays de la zone franc ont-ils vraiment de quoi proposer pour honorer cet accès au marché européen ?
Face à des pays dont l'industrie n'est qu'extractive sans transformation en produits finis manufacturés, l'accès à ce vaste marché n'est que le prolongement de l'industrie de type colonial quand les colonies n'étaient qu'un réservoir de matières premières pour alimenter la métropole.

L'accès à ce vaste marché européen est un avantage pour les pays à fort potentiel industriel et à vocation exportatrice ; mais pour les pays avec une industrie extractive de type colonial, cet avantage est relatif et paraît même anecdotique à bien des égards.
L'accès au marché européen n'est vraiment bénéfique que si l'on produit et propose des produits manufacturés à haute valeur ajoutée. Ce qui est loin d'être le cas des pays de la zone franc.
L'accès au marché européen reste somme toute un avantage, mais un avantage relatif pour des pays dont l'économie est une économie de rente qui repose sur les matières premières minières et agricoles et qui n'est que la confirmation de l'économie coloniale.

---

[1] L'industrie désigne un secteur économique regroupant les activités de transformation des produits (matières premières ou produits semi-finis). L'industrie est un secteur essentiel de l'économie car elle produit des biens qui servent à fabriquer d'autres biens (machines par exemple) J. Y. Capul O. Garnier *Dictionnaire d'économie et des sciences sociales* Hatier 2005 p 321

Au regard de l'absence du *« made in »,* et en présence d'une industrie exclusivement extractive, d'une économie de type colonial, ce qui est présenté comme un avantage n'est enfin de compte que la mise à jour, la réactualisation de ce qui se faisait déjà dans les rapports coloniaux. Ce n'est ni plus ni moins que le prolongement d'une économie de type colonial qui a longtemps vécu et qui perdure.

3 - Les inconvénients des comptes d'opération pour les pays de la zone franc

De l'avis général des économistes spécialistes de la question du franc CFA, le compte d'opérations décrit dans les pages précédentes, cause aux pays de la zone franc d'énormes préjudices en priorité d'ordre financier, économique social et politique. Sans entrer dans la technicité du système et des calculs, nous relevons quelques aspects forts évocateurs de ce constat du compte d'opérations.
D'abord le niveau important des réserves de change pour des pays classés parmi les plus pauvres du monde au niveau de l'Indice de Développement Humain (IDH).
Ensuite les multiples usages que fait la France de ces avoirs extérieurs qui lui sont confiés.

a- Les réserves de change excessives

Il est à noter que les dirigeants africains stockent ou immobilisent dans les caisses du Trésor public français d'immenses capitaux financiers indispensables au développement socio-économique de l'Afrique. Selon un rapport de la zone franc, la BEAC (banque centrale des États de l'Afrique centrale) et la BCEAO (banque centrale des États de l'Afrique de l'ouest) les deux banques centrales de la zone franc disposaient en 2005 de plus de 3600 milliards de francs CFA (environ 72 milliards d'euros) auprès du trésor français).

Les réserves de l'UEMOA sont fixées à 7072,4 milliards de francs CFA en 2014 et 7529,9 milliards de francs CFA en 2015 répartis comme suit :
10 % en avoirs OR pour un montant de 644,9 milliards en 2014 et 746,4 milliards en 2015, 10 % en avoirs de réserves au FMI pour un montant de 644,9 milliards en 2014 et 746,4 milliards de francs CFA en 2015, 80 % en avoirs en monnaies étrangères pour un montant de 566,9 milliards de francs CFA en 2014 et 5998,3 milliards de francs CFA en 2015.
Une réserve de change arithmétique, théorique voire stérile pour certains et une réserve de change usufruitière dont la nue-propriété appartient à la puissance colonisatrice pour d'autres, même si elle ne le dit pas.

Par ailleurs, une chose qui démontre le caractère fictif des réserves de change de ces États, pour se garantir, la France est habilitée à stocker et à gérer à Paris pour les pays de la zone franc 50 % des devises provenant de leurs exportations sur les comptes d'opérations. Elle ponctionnait la totalité jusqu'en 1973 et jusqu'en 2005 l'équivalent de 65 %.
Leur collaboration financière négative avec l'ancienne puissance colonisatrice fait d'eux de simples rentiers financiers, car au lieu d'utiliser rationnellement ces capitaux dans le développement de l'économie africaine, ils se contentent de récolter les maigres intérêts financiers dont le taux est fixé unilatéralement par la France.

Le principe de fonctionnement du compte d'opérations dépouille de fait les gouvernements africains de l'arme budgétaire voire leur lie les mains (via la politique monétaire d'austérité). En effet, ceux-ci ne peuvent pas disposer à leur gré de budgets conformes à leurs immenses besoins. Leurs budgets doivent au préalable bénéficier de l'approbation incontournable de leur puissant protecteur qui est la France. « Le compte d'opérations est une épargne forcée qui n'est pas destinée au développement mais à renflouer de façon prioritaire les comptes

d'opérations ouverts sur les livres du Trésor public français, au nom de chaque Banque Centrale africaine. »[1]
Les pays membres de la zone franc qui sont classés selon leur indice de développement humain (IDH) parmi les plus pauvres du monde se voient priver par la France d'énormes ressources financières qui auraient pu être investies dans les secteurs productifs et pour le développement de ces pays. [2]

b- Les multiples usages des avoirs extérieurs par la France

La France fait multiples usages des avoirs extérieurs qui lui sont confiés par les pays de la zone franc au titre de la garantie. Si nous nous référons au sens large du mot, garantie c'est-à-dire tout mécanisme qui prémunit une personne contre une perte pécuniaire, l'usage que fait la France des avoirs extérieurs interpellent. C'est l'autre paradoxe des comptes d'opérations.

La France place le plus naturellement, comme tout agent économique intelligent, les immenses capitaux africains dans les établissements financiers ayant les meilleurs taux de rémunération. Elle s'approprie logiquement le différentiel des taux d'intérêts. Par exemple elle garantit le paiement aux africains d'un taux d'intérêt de 2 % alors qu'elle perçoit une rémunération de 4,5%. Le différentiel des taux d'intérêts qui lui revient en net est de 2,5%. En supposant que les capitaux placés s'élèvent à 100.000 milliards de CFA, la France perçoit un net de 250 milliards de CFA[3] au titre des intérêts annuels. Ainsi grâce aux capitaux que lui ont confié naïvement les africains, la France a pu obtenir des ressources financières considérables. Sur celles-ci, la France puise une petite partie, dix milliards de francs CFA par exemple, pour les prêter aux PAZF à de faibles taux d'intérêts compris entre 3 % et 10 % l'an, tambour battant afin de montrer au monde entier ses actes de générosité envers

---

[1] N. Agbohou op. cit.p. 94 à 96
[2] Y. Fassassi op. cit. p. 96
[3] 100.000 milliards * 2,5/100=250 milliards de francs CFA

cette Afrique qu'elle prétend ainsi aider. C'est ce que l'on appelle l'aide financière de la France à ses anciennes colonies.

La France fait de multiples usages des capitaux africains avec lesquels elle peut par exemple spéculer en bourse pour s'enrichir très rapidement. La coopération monétaire franco-africaine contient « la clause de garantie de change » Elle met « à l'abri de la dépréciation les avoirs placés dans les comptes d'opérations. » [1]

Concrètement cela veut dire que la France a pris l'engagement de restituer aux africains leurs capitaux sur la base d'un taux de change convenu tel qu'un euro est toujours égal à un dollar par exemple afin d'éviter aux PAZF de supporter des pertes de change. Par conséquent, lorsqu'un euro vaut 1,5 dollar par exemple, la France s'approprie le différentiel de taux de change qui est de 0,5 [2] dollar par unité d'euro converti en monnaie américaine. Supposons que les capitaux africains déposés au compte d'opérations de Paris s'élèvent à 15 milliards d'euros. La France peut utiliser cette somme pour acheter en une seule journée 22,5 milliards de dollars.[3] Elle pourra alors soustraire de cette somme le capital dû aux africains (les 15 milliards de dollars) et gagner ainsi au cours de cette journée la différence estimée à 7,5 milliards de dollars [4] de dollars qui correspond à 3.750 milliards de francs CFA.[5]

Ce gain journalier réalisé par la France sur le dos des africains excède le double du budget de fonctionnement général de nombreux pays membres de la zone franc. Et tant que l'euro est plus fort que le dollar, l'expérience peut renouveler sans cesse cette opération financière à son profit avec les capitaux africains stockés dans les comptes d'opérations ou maintenus sous forme

---

[1] Banque des États de l'Afrique Centrale. XX ème anniversaire 1972-1992, « la BEAC à 20 ans » p.1

[2] 1,5 dollar- 1dollar = 0,5 dollar

[3] 15 milliards d'euros * 1,5 dollar = 22,5 milliards de dollars

[4] 22,5 milliards de dollars – 15 milliards d'euros = 7,5 milliards de dollars

[5] 7,5 milliards de dollars * 500 = 3750 milliards de francs CFA

d'emprunts obligataires français contractés auprès de la BCEAO.[1]

4- Le principe de libre transférabilité des capitaux : avantages espérés et réalité du terrain économique international

L'article 10 de la convention de coopération monétaire entre la France et les pays des États d'Afrique centrale, l'article 4 alinéa 3 du traité constituant l'UEMOA et les États signataires, l'article 6 de l'accord de coopération ouest africain, traitent le principe de libre transfert des capitaux.
Le transfert des capitaux est aussi inscrit dans les accords de Lomé et dans les codes des investissements africains. Comme souligné ci-dessus, il permet précisément aux propriétaires ou possesseurs de capitaux, nommément les investisseurs étrangers de rapatrier sans limite leurs énormes bénéfices réalisés dans les PAZF.
Ainsi pour les signataires de cet accord et surtout grâce à ce principe d'expatriation illimitée des bénéfices, les investisseurs étrangers vont inonder de leurs immenses capitaux l'Afrique de la zone franc dont le développement socio-économique sera ainsi accéléré. Inonder les zones CFA / accélérer le développement socio-économique, tels sont les avantages espérés.

Deux questions sous-tendent la stratégie de cette politique monétaire : l'expatriation illimitée des bénéfices a-t-elle permis aux investisseurs étrangers d'inonder les zones en question ? le développement socio-économique de l'Afrique de la zone franc s'est-il accéléré ? Y a-t-il concordance entre les avantages espérés et la réalité du terrain économique international depuis la signature de l'accord de coopération il y a maintenant cinquante ans (50) ?

---

[1] N. Agbohou op. cit

a- L'expatriation illimitée des bénéfices des investisseurs étrangers

Avec l'expatriation illimitée des bénéfices pour les investisseurs étrangers, les tenants de ce principe espèrent que ceux-ci vont inonder de leurs énormes capitaux l'Afrique de la zone franc.
La démarche n'est pas nouvelle, encore moins innovante ou révolutionnaire. Dans de nombreux pays en développement, les autorités dispensent les sociétés étrangères d'impôts sur les sociétés (bénéfices industriels et commerciaux) pour les inciter à s'installer sur leurs territoires, privilégiant ainsi la création d'emplois qui est un signe visible voire le baromètre du développement. C'est une mesure incitative que l'on retrouve généralement en fiscalité internationale sous la forme de libre transférabilité des bénéfices, ou simplement d'exception d'impôts et qui reste de pratique économique internationale.

S'agissant des pays de la zone franc, ce sont même des pratiques connues, héritées de la colonisation qui perdurent. L'ériger en principe et en faire un avantage paraît bien anecdotique car ce sont des pratiques qui ont droit de cité dans les anciennes colonies françaises d'Afrique.

La question de fond est de savoir si cet avantage a eu l'effet escompté, à savoir inonder les pays de la zone franc de leurs immenses capitaux. L'état de la situation économique de ces pays dans le monde et particulièrement en Afrique est un signe qui ne trompe guère si bien que les termes « d'inonder » et ceux « d'immenses capitaux » ne sont pas appropriés et sont même exagérés. Ils relèvent juste de l'ordre du souhait ou du vœu.
Et pour justifier cet état des choses, les IDE que nous venons de voir confirment si besoin est que les termes ne sont pas appropriés. En effet les pays du Maghreb : Maroc, Tunisie, Algérie (qui sont tous sortis de la zone franc pour créer leur propre monnaie), le Nigeria qui font l'objet de gros IDE de la part de la France mettent à mal l'avantage supposé de ce principe.

Il n'y a donc pas de concordance entre les avantages espérés et la réalité du terrain économique internationale dans les dits pays, cinquante ans (50) après la signature de l'accord de coopération.

b- L'accélération du développement socio-économique des pays de la zone franc

D'après le dictionnaire Robert de la langue française, le verbe accélérer signifie rendre plus rapide, et le terme accélération l'augmentation de la vitesse, le fait d'aller plus vite.
Encore une fois, cet avantage est louable et se passe de tout commentaire ; car c'est dans l'absolu une des principales sinon la première aspiration de tous les pays et particulièrement ceux du tiers monde et des pays en développement, pour rattraper leur retard. Même les pays développés trouvent eux aussi qu'ils doivent accélérer leur développement socio-économique pour toujours s'améliorer.
Présenter cette accélération socio-économique comme un avantage de la libre transférabilité relève d'une redondance voire d'un pléonasme, presque une lapalissade, car c'est l'aspiration légitime voire naturelle de tout État souverain moderne.

Sans entrer dans les détails sémantiques, il convient de rappeler que l'accélération suppose la réunion de certains éléments de base permettant de rendre plus rapide le mouvement. On ne peut aller plus vite que si l'on a les bases et si ces bases permettent l'accélération.
Avec tous les avantages que nous venons de voir et qui se trouvent être plus des inconvénients pour cette politique monétaire et qui n'ont pas donné le résultat escompté, il paraît difficile qu'avec une telle base ou de tels éléments de base qui manquent de répondant ou qui ne sont pas consolidés, c'est-à-dire qui n'ont pas atteint le résultat escompté, que le développement socio-économique puisse connaître une accélération.
Les avantages précédents n'ayant pas donné le résultat escompté, il est peu probable que l'on puisse réellement parler d'accélération de développement socio-économique des pays de

la zone franc avec ou par le biais de ce seul principe de libre transférabilité, les autres éléments permettant l'accélération faisant cruellement défaut.
Et pour corroborer ce constat, les pays de la zone franc sont classés selon leur indice de développement humain (IDH) parmi les plus pauvres du monde. Sur les quinze pays africains membres de la zone franc, onze sont classés comme « pays moins avancés » par les Nations unies.

Avec le principe de libre convertibilité retenu prioritairement pour l'attractivité des investissements directs étrangers (IDE), véritable levier et pilier du développement économique surtout pour les pays de la zone franc, qui n'a pas produit l'effet escompté au regard du niveau et de la situation économique de ces pays qui n'y ont pas tiré grand' chose comme annoncé.

Le principe des parités fixes qui est violé par son initiateur principal avec la dévaluation du franc CFA face à la crise économique en 1994, soit vingt et un ans après la signature de l'accord de coopération ;

Le compte d'opérations qui ne s'est jamais aussi bien porté avec des rentrées de devises en constante progression qui se chiffrent en milliards de franc CFA, alors que les pays de la zone franc connaissent d'énormes difficultés financières et un très faible niveau de leur épargne publique censée financer leur économie et leurs entreprises, et que paradoxalement la France leur prête les intérêts des sommes ainsi déposées au titre de l'aide au développement ;

Enfin avec la libre transférabilité qui favorise une fuite énorme des capitaux vers l'Europe et vers la France en particulier.

Face à la réalité du terrain économique internationale comme il nous a été donné de le voir, cinquante ans après la signature du contrat de coopération entre la France et les pays de la zone franc, se pose avec acuité le problème de l'effet du temps et du long terme sur le contrat de coopération.

Titre II - Le long terme et le contrat de coopération monétaire

Le franc CFA, monnaie de référence de l'empire colonial français de la moitié du XIX° siècle, né le 26 décembre 1945, jour où la France a ratifié les accords de Breton woods, s'est donné une nouvelle base juridique avec la signature en 1973 d'un accord de coopération monétaire entre la France et les pays de la zone franc.
Cette nouvelle base juridique confère à l'accord un caractère de relations juridiques internationales qui régissent les traités du même nom. Accord souvent conclu sous la forme écrite, quelle que soit sa dénomination. Une espèce de convention ayant pour objet de créer une obligation.

On retrouve ici les principes de libre consentement, de la bonne foi et la règle du *pacta sunt servanda* qui gouvernent généralement les conventions, principes universellement reconnus et repris par la convention de Vienne sur le droit des traités.[1] Une convention qui est un traité-loi qui a codifié les coutumes internationales en matière de traités entre les États et qui a développé le droit. Son article 26 définit d'ailleurs *pacta sunt servanda* « tout traité en vigueur lie les parties et doit être exécuté de bonne foi. »
Il définit en son article 2 alinéa 1
a) L'expression « traité » s'entend d'un accord international conclu par écrit entre États et régi par le droit international qu'il soit signé dans un instrument unique ou dans deux ou plusieurs instruments connexes et quelle que soit sa dénomination particulière ; »
b) Les expressions « ratification, » « acceptation, » « approbation » et « adhésion » s'entendent, selon le cas, de

[1] La convention de Vienne sur le droit des traités de 1969 codifie les traités et les relations internationales juridiques entre les États. La convention est rédigée par la commission du droit international. Elle a été adoptée par l'assemblée générale des Nations Unies le 23 mai 1969 et entrée en vigueur le 27 janvier 1980

l'acte international ainsi dénommé par lequel un État établit sur le plan international son consentement à être lié à un traité ;
e) L'expression « État ayant participé à la négociation » s'entend d'un État ayant participé à l'élaboration et à l'adoption du texte du traité ;
f) L'expression « État contractant » s'entend d'un État qui a consenti à être lié par le traité, que le traité soit en vigueur ou non ;
g) L'expression « partie » s'entend d'un État qui a consenti à être lié par le traité et à l'égard duquel le traité est en vigueur.
La convention fournit essentiellement des règles supplétives puisque chaque traité peut établir son propre régime juridique. La convention de Vienne sur le droit des traités ne s'applique qu'aux traités entre États et qu'aux traités écrits seulement.

L'objet du contrat est économique et monétaire. Toujours est-il que comme tout acte juridique, toute convention, tout accord, le contrat de coopération va se trouver confronté non seulement à la dure réalité du terrain économique et monétaire sur un fond de relations juridiques internationales, mais encore et surtout à l'exécution d'un contrat international à long terme sous l'effet du temps ; le contrat de coopération entre la France et les pays de la zone franc ayant subi l'effet du temps et du long terme depuis sa signature il y a maintenant cinquante ans (50 ans). Ce qui n'est pas sans conséquence et sans effet sur l'économie du contrat.

L'occasion de traiter cet aspect du droit international des traités et des contrats d'une manière particulière, un aspect du droit des contrats internationaux des plus complexes. En effet le long terme, d'une manière intrinsèque a toujours posé et continue de poser problème dans l'exécution des contrats du même nom, eu égard aux bouleversements de l'économie du contrat qui peuvent naître de son fait.

Le phénomène de la durée sur les contrats constitue d'ailleurs une préoccupation majeure pour les cocontractants en général et une inquiétude particulière pour le contractant qui le subit directement. Ce qui entraîne souvent une renégociation pour

adapter le contrat aux circonstances nouvelles sur la base des mécanismes prévus à cet effet, plus précisément selon les usages de la pratique internationale en la matière.
Toujours est-il que, ce que propose la pratique internationale n'est pas exempt de risque car ce qu'elle propose aux parties concernées n'est qu'une renégociation avec un certain dispositif. Il ne s'agit aucunement de règles, de normes précises pour résoudre un conflit d'une manière générale
(Chapitre I).

Ainsi, nonobstant la difficulté, le risque lié à la mise en œuvre du mécanisme, et de son succès, le contrat de coopération monétaire du fait du bouleversement de l'économie du contrat par des événements extérieurs aux parties sous l'effet du temps et du long terme, requiert fondamentalement et d'une manière générale l'application de la règle du *rebus sic stantibus* prévue à cet effet (Chapitre II).

Et d'ailleurs le projet initial de la CEDEAO d'une monnaie unique l'Eco, puis l'annonce surprise du remplacement pur et simple du franc CFA ouest africain dans la zone UEMOA sans cesse repoussée (2020 puis 2027), viennent confirmer *in fine* le *rebus sic stantibus* pour lequel nous militons (chapitre III).

Chapitre I - La renégociation de l'accord de coopération monétaire pour l'adapter aux circonstances nouvelles

Dernière monnaie coloniale au monde, le franc CFA a aussi la particularité d'avoir gardé son acronyme (CFA) pour colonies françaises d'Afrique. Une monnaie qui continue de fonctionner sur le même mécanisme et le sur le même procédé de base depuis sa création soixante-dix-huit ans (78) après, opposant ainsi une farouche résistance et une résistance à toute épreuve, surtout à l'effet du temps et aux événements du moment.

Le franc CFA est unique au monde, il est spécifique. Il ne laisse personne indifférent comme déjà rappelé.
Le franc CFA pose néanmoins problème et est l'objet de vifs débats sur son maintien, sa refonte, sa suppression et son remplacement pur et simple par une autre monnaie. Les avis sur cette monnaie sont nombreux, partagés, voire opposés malgré le discours officiel ambiant lénifiant, laudatif, rassurant d'unanimité.

Certains, partisans de l'ordre ancien et du statu quo, louent la stabilité de cette monnaie garantie par la France et arrimée à l'euro.
D'autres qui représentent la voix étouffée du silence, partisans de l'indépendance économique et de la souveraineté monétaire sont pour une dissolution pure et simple de cette monnaie, vestige à leurs yeux d'une époque révolue, l'époque coloniale qui continue de perpétuer le colonialisme et toutes ses tares à travers cette monnaie. Une monnaie de soumission en faveur de laquelle les dirigeants africains ont abandonné la souveraineté monétaire de leurs pays pour des accords de coopération avec la France, grand bénéficiaire d'une monnaie qu'elle a créée pour son enrichissement. Ils prônent son remplacement par une monnaie africaine.

A côté des tenants de cette thèse, il y a ceux, plus nuancés, plus consensuels et réalistes qui sont pour son remplacement par une monnaie commune, toujours sur les mêmes bases mais gérée par les africains eux-mêmes (via leurs Banques Centrales), sans protection ni parrainage ni tutorat de l'ancienne puissance colonisatrice, pour sortir une fois pour toutes des liens coloniaux. Ils prônent une autonomie monétaire des pays de la zone franc, associés aux autres pays africains des régions concernées. Et pourquoi pas un panafricanisme monétaire, selon l'adage : ensemble on est plus fort, ou l'union fait la force.

Entre les tenants de la ligne dure qui prônent l'abandon pure et simple et le retour à une souveraineté monétaire et ceux qui sont pour une monnaie commune, mais propriété des africains de la zone franc à l'instar des monnaies communes de par le monde, (exemple : le dollar américain qui est la monnaie commune à cinquante (50) États de l'union, et plus récemment l'euro, monnaie commune à dix-sept (17) pays de l'union européenne (UE), le naira, monnaie commune aux trente-six (36) États fédérés de la République Fédérale du Nigeria) ; partant du principe que toutes les conséquences négatives ou inconvénients de cette monnaie tant sur le plan économique, financier, sociologique que celui du développement ont été traités mais sans grand résultat en apparence sur la vie et le devenir de cette monnaie, parce que le problème est éminemment politique, avec tous les intérêts, les privilèges qu'a fait naître et créer le franc CFA et auxquels leurs bénéficiaires ne sont pas prêts de renoncer, que ce soit en premier lieu l'initiateur principal et garant qui n'est pas prêt d'abandonner sa création devenue sa propriété ou même les rentiers africains de cette monnaie. Nous proposons pour notre part de revenir à la source, aux fondements juridiques qui ont sous tendu et qui sous-tendent cette monnaie.

Travailler sur et à partir des bases de cette monnaie, c'est-à-dire le contrat léonais qui a créé le franc CFA, le contrat d'adhésion qui a suivi sa mise en œuvre et enfin l'accord de volontés qui a donné le contrat de coopération entre la France et les pays africains de la zone franc. Le traitement juridique sur cette base contractuelle ne prétend pas être la solution du problème mais simplement une autre approche sous un autre angle. Celui du droit qui est par définition ce qui est juste, qui s'impose et doit s'imposer parce que non seulement voulu par les parties en présence, les conventions légalement formées tiennent lieu de loi à ceux qui les ont faites (référence au droit des contrats) mais surtout parce que le droit est le garant de l'intérêt général qui doit primer et s'imposer, mais aussi le recours du faible contre le fort en cas de litige et de conflit.

Nous proposons de prendre le problème à la racine, sur ses fondements, soixante-dix-huit ans (78 ans) après la création du franc des colonies d'Afrique et cinquante ans (50 ans) après la signature des accords de coopération pour traiter l'effet du temps sur ce contrat et voir comment le droit a fait face et résolu le problème au niveau international dans des cas similaires, sur la base du contrat international sous l'effet du temps, c'est-à-dire le long terme et l'exécution du contrat international. Un problème éminemment juridique, sensible, de l'avis des spécialistes du droit international des contrats. (A)

Car ce qu'ont prévu ici les parties, mieux, les bases sur lesquelles elles ont contracté au moment de la signature ou simplement ce qui était lors de la signature du contrat de coopération ne l'est plus cinquante ans (50 ans) plus tard. Des bouleversements étant intervenus dans l'économie du contrat. Ce qui pose d'abord et d'une manière générale le problème du contrat de coopération à l'épreuve du temps. (B)

Ensuite et par ricochet le délicat et non moins important problème de l'intérêt et de la bonne ou mauvaise foi d'un des contractants, ici le contractant principal, la France, en référence à la théorie doctrinale du comportement de loyauté dans l'exécution du contrat et de l'abstention fautive dans l'action, les circonstances extérieures impossibles à prévoir au moment de la formation du contrat ruinant l'autre partie. (C)
Enfin le temps et ses effets qui appellent *in fine* une renégociation du contrat de coopération. Un exercice non dépourvu de risque. (D)

A - Le long terme et ses conséquences sur l'économie du contrat

Par-delà le caractère monétaire, économique et financier, nous sommes intrinsèquement, en présence d'un ensemble d'accords de volontés, de convention unissant des personnes morales. Un accord de volontés qui revêt un caractère international du fait de la qualité des parties en présence : la France et les pays africains de la zone franc. Un contrat international de coopération à long terme, signé il y a cinquante ans (50 ans), en 1973. Et c'est justement ce long terme qui pose problème du fait du bouleversement de l'économie du contrat de coopération au regard du droit international des contrats.

Le long terme a toujours posé, et continue de poser problème dans l'exécution des contrats eu égard aux bouleversements de l'équilibre contractuel qui peuvent naître de son fait tant sur le plan technologique, commercial, monétaire avec la dévaluation que celui plus général de l'économie du contrat comme ici après cinquante ans (50 ans).

Le phénomène de la durée sur les contrats constitue une préoccupation majeure pour les cocontractants en général et une inquiétude particulière pour le contractant qui le subit directement. La question fait d'ailleurs depuis quelques années l'objet d'études attentives[1] et de recherche sur la prise en compte du risque que le temps fait peser sur les conventions de longue

---

[1] M. Fontaine, *Les contrats internationaux à long terme.* Etudes offertes à Roger Houi, p. 263, problèmes d'actualité posés par les entreprises, Dalloz Sirey 1985. C. Jamin, *Révision et intangibilité du contrat* ; l'article 1134 du code civil. Droit et patrimoine 1998 n° 58.G. Rouhette, *La révision conventionnelle du contrat,* Rev. Trim. D comparé 1986 p 369 et s n° 3 E. Gounot, *La liberté des contrats et ses justes limites,* Semaines sociales de France 1938 p 321 et s.
R. Fabre, *Les clauses d'adaptation dans les contrats,* Rev. Trim. Droit civil 1983 p 3 P. Durand, *La tendance à la stabilité de rapport contractuel,* préface p 11 LGDJ 1960Y. Picod, Jurisclasseur 1989, contrats et obligations fasc. 11 p 10.

durée. Les différentes solutions qui ont été apportées au problème du long terme et au phénomène de la durée montrent non seulement la réalité du problème mais surtout son acuité et sa complexité.

Les réponses apportées sont d'ailleurs loin d'être satisfaisantes et laissent subsister des zones d'ombre, des questions, des interrogations, voire des lacunes qui sont autant de facteurs de risque supplémentaire pour l'opération objet du contrat. Il faut bien admettre de prime abord que la réponse du droit commun des contrats elle-même est inadaptée au phénomène du long terme et de ses conséquences « parce qu'elle repose sur l'idée que le contrat traduit la conciliation des intérêts opposés de deux personnes et se trouve dès lors doté d'une stabilité dans le temps et d'une force obligatoire à l'égard des parties. »[1]

La pratique internationale plus au fait et aguerrie à la pratique des montages et à l'évolution de nouvelles formes de contrats et d'ensembles de contrats mais aussi au phénomène du long terme dans lequel ils s'inscrivent, consciente de cette insuffisance et du risque du phénomène du long terme, a mis au point, à défaut d'une réponse précise, un moyen permettant de sauvegarder l'équilibre contractuel en dépit d'un bouleversement des données initiales. Elle a donc réorganisé un rééquilibrage des contrats par le biais d'une renégociation pour les adapter aux circonstances nouvelles en incorporant ainsi le changement dans la structure même du contrat. Ce qui traduit non seulement la prise en compte du risque lié au phénomène de la durée mais qui est surtout une manière pragmatique de traiter par anticipation ce risque.

Ce traitement par anticipation revêt souvent plusieurs formes mais, par-delà cette diversité, la finalité reste la même, la réduction du risque lié à l'exécution des contrats du fait du long

---

[1] B. Oppetit, *L'inadaptation des contrats internationaux aux changements de circonstances : la clause de « hardship »*, Clunet 1974, p. 798.

terme. Elle consiste le plus souvent à insérer dans les contrats des clauses pour servir de base à une renégociation visant à intégrer les bouleversements éventuels dans l'organisation des contrats et surtout à les adapter aux circonstances nouvelles. Toujours est-il que l'issue d'une négociation, qui plus est d'une renégociation, est souvent aléatoire parce que tributaire de l'accord de toutes les parties concernées, accord qui n'est souvent pas facile à obtenir eu égard à l'importance des intérêts en présence, aux antagonismes, aux divergences.

La première difficulté que pose le phénomène de la durée avec les bouleversements de l'équilibre contractuel, c'est comment la loi, le législateur, le droit d'une manière générale a traité et résolu le problème du long terme. En fait, il y a un bouleversement de l'économie du contrat par l'effet du temps et du long terme, doit-on appliquer la règle du *« pacta sunt servenda »*[1] ou celle du *« rebus sic stantibus. »*[2] Le contrat est passé *rebus sic stantibus*, les choses étant ce qu'elles sont en fonction des circonstances présentes. Selon cette thèse, les parties auraient tacitement subordonné l'exécution au maintien des circonstances existant le jour de la formation du contrat.

Un constat s'impose de prime abord, la distinction entre contrats « à court terme » et contrats « à long terme » n'appartient pas aux classifications traditionnelles des différents types de contrats que sont les contrats unilatéraux et synallagmatiques, à titre gratuit et à titre onéreux, consensuels, solennels et réels etc.

---

[1] Les conventions doivent être respectées (Décrétales de Grégoire IX, I, 35,1, article 1134 du code civil).

[2] Les choses restent en l'état, les choses étant ou demeurant ainsi. Utilisée pour désigner la référence à la situation (économique, monétaire, etc.) qui existait au moment de la conclusion d'un accord de longue durée, dans la question de savoir si le maintien de cette situation a été considéré (expressément ou implicitement) comme la condition du maintien de cet accord, de telle sorte que l'altération grave de cet état des choses justifierait la caducité ou l'adaptation de l'accord originaire, G. Cornu, *Vocabulaire juridique*, puf 2007, p. 764.

Les références aux court et long termes sont empruntées à la terminologie des économistes et des financiers. Est-ce pour ces raisons que le droit commun des contrats reste inadapté au phénomène du temps et peu sensible à celui de la durée ? certes, mais c'est l'occasion pour nous d'essayer d'apporter une réponse juridique parce que nous sommes à la base en présence d'un accord de volontés, même si la terminologie est économique et financière.

B - Les principes fondateurs du contrat de coopération à l'épreuve du temps

Des principes fondateurs du contrat de coopération dépassés et inopérants sous l'effet du temps pourrait-on encore dire.

Comme rappelé, quatre principes fondateurs ou directeurs sous-tendent l'accord de coopération : la centralisation des ressources dans un compte d'opérations, la libre convertibilité, le libre transfert, la fixité des parités. Ces principes sont censés soutenir et accompagner la mise en œuvre du franc CFA avec des avantages certains de l'avis de son créateur, initiateur et principal cocontractant pour le développement économique et social des pays de la zone franc.

Ces principes sont hérités originairement d'un mécanisme monétaire conçu sur les bases des aspects négatifs du clearing par l'Allemagne nazie pour enrichir l'occupant allemand, puis repris par la puissance colonisatrice française et imposés à ses colonies d'Afrique. Une métropole affaiblie, ruinée, appauvrie par la guerre, qui avait besoin de s'enrichir à son tour, de remettre surtout son économie à flot et en ordre de marche.

Aux lendemains des indépendances, toujours sur le même mécanisme de fond mais avec des acteurs et des organes nouveaux, un contrat de coopération entre la France et les pays de la zone franc est signé sur la base de quatre principes directeurs ci-dessus indiqués. Soixante-trois (63 ans) après les indépendances et cinquante ans (50 ans) après la signature du contrat de coopération, les effets du temps et du long terme sur ces principes se posent avec acuité. Avec le temps et le long terme, beaucoup de choses peuvent en effet se passer et impacter l'économie, la vie du contrat, créant ainsi généralement des bouleversements de tous ordres tant sur le plan technologique, commercial ou comme ici sur le plan monétaire avec la vie d'une monnaie de quatorze pays.

La question de fond qui se pose est la suivante : un mécanisme ou un procédé qui a été originairement conçu et mis en place pour un enrichissement à sens unique (unilatéral) celui du créateur, initiateur et principal cocontractant peut-il résister et s'adapter à l'effet du temps soixante-dix-huit ans (78 ans) après, même avec des acteurs nouveaux et sous une nouvelle appellation ?

Peut-on plus prosaïquement faire du neuf avec du vieux ? Ces principes répondent-ils encore aux exigences d'une économie moderne d'États indépendants du XXI° siècle. Les mêmes causes ne risquent-elles pas de produire les mêmes effets ou même de les empirer nonobstant le temps, avec un créateur, initiateur et nu propriétaire qui continue de toujours s'enrichir alors que l'usufruitier s'appauvrit ? L'environnement du contrat de coopération qui continue d'évoluer inexorablement et les principes fondateurs de l'accord de coopération qui restent en l'état laissent présager la suite et sous-tendent la réponse.

1 – L'environnement du contrat de coopération a évolué et continue d'évoluer.

Deux éléments sous-tendent cette évolution. Les acteurs eux-mêmes et leur nouveau statut mais aussi et surtout le contexte économique mondial.

D'abord les acteurs : soixante-dix-huit ans (78 ans) après la création du franc CFA, soixante-trois ans (63 ans) après les indépendances et cinquante ans (50 ans) après la signature des accords de coopération, la population des pays de la zone franc a été multipliée par 3 voire plus (155 millions de personnes vivent aujourd'hui dans 14 pays d'Afrique subsaharienne et un du pacifique). Les pays nouvellement indépendants ont vu leurs besoins s'accroître de manière exponentielle. Bâtir toute l'infrastructure administrative, économique, industrielle, bancaire etc. et pour satisfaire tous ces besoins, il faut des moyens considérables qui soient à la hauteur.

Ce sont des nouveaux besoins qui sont nés du fait du temps, mieux, qui sont même l'effet du temps sur la vie d'un cocontractant. Le long terme a aggravé la situation économique des pays de la zone franc. Ces pays ont vu leurs besoins s'accroître mais le mécanisme de la disposition et de la jouissance de leurs avoirs qui est la clé de voûte n'a pas évolué. Seule la hauteur du pourcentage au profit du Trésor français a été revue à la baisse. Les pays de la zone franc sont tenus de déposer leurs avoirs au Trésor public français à hauteur de 100 % puis de 65% puis enfin de 50 %, comme une thérapie homéopathique parcimonieusement dosée pour soigner un mal du reste profond.

Ensuite le contexte économique mondiale. L'économie du 21° siècle est à l'heure des nouvelles technologies. Tout va très vite. La mondialisation est venue bouleverser et remettre en cause un nombre important de certitudes passées. Ce qui était vrai au moment de la création du procédé ou du mécanisme du franc des colonies françaises d'Afrique puis de la signature de l'accord de coopération ne l'est plus avec le temps, mettant ainsi à mal tous les avantages supposés qui ont particulièrement sous tendu les principes directeurs. Ainsi, ce qui naguère était présenté comme avantage s'est avéré avec le temps, le long terme, être plus des handicaps, des inconvénients au vu des conséquences ruineuses que cela a entraîné pour les pays de la zone franc.

Pour rappel d'une manière générale, la mondialisation exprime le stade de développement planétaire sans barrière où tout est proche, accessible, où tout communique et où tout par conséquent, les solidarités et les interdépendances s'accroissent. C'est l'état de notre monde tel qu'il se forme depuis les années 1970 et surtout depuis 1980. Le terme de mondialisation commence à être employé dans les années 1991. Il est la traduction de l'anglo-saxon *globalization* qui est parfois utilisé en français (on parle par exemple de globalisation financière). Parler de globalisation ou d'économie globale, c'est signifier que l'on est passé à un stade supérieur de l'intégration économique : les biens, les services, les capitaux circulent désormais dans un espace mondial où le contrôle des États est affaibli.

Économiquement, la mondialisation peut se définir comme un phénomène (processus) qui tend à accroître le redéploiement des ressources économiques auparavant cantonnées au cadre national, dans un marché à dimension mondiale. Elle se traduit par l'élargissement du champ d'activité des agents économiques, qu'il s'agisse des entreprises, des grandes banques ou des places financières. La mondialisation affecte la sphère réelle de l'économie c'est-à-dire la production, la distribution et les consommations des biens et services de même que la sphère financière (monnaie) et les capitaux.

L'environnement du contrat de coopération a évolué depuis sa signature il y a bientôt cinquante ans (50) et pourtant il a gardé son immutabilité. Un premier problème que pose le temps et le long terme : immutabilité des termes du contrat de coopération depuis cinquante ans (50), son indifférence à l'imprévision et aux déséquilibres initiaux. L'occasion d'analyser cette notion d'immutabilité et ses conséquences.

L'ancien droit a été dominé par la rigueur de l'immutabilité et de l'absolutisme des contrats. De cette conception traditionnelle Catherine Thibierge-Guelfucci dit que l'image du contrat pourrait s'exprimer dans la surprenante conjonction d'une bulle et d'un bloc : une bulle d'abord, un monde fermé, protégé, imperméable aux influences extérieures ou intérieures, celle des parties qui traversent le temps sans être affectées par le changement, il fait fi de l'évolution des circonstances, ce qui le met à l'abri de la révision pour imprévision, fi des lois nouvelles... une fois conclu, le contrat apparaît comme une création statique s'imposant aux parties, à la volonté desquelles il échappe désormais... Ensuite un bloc cristallisé de droits et d'obligations constitués une fois pour toutes, indifférent à ses propres déséquilibres internes qu'ils soient concomitants ou postérieurs à sa conclusion. Il puise sa force dans son immutabilité...[1]. Trois traits caractérisent le contrat de l'ancien droit : l'immutabilité de ses termes, son indifférence à l'imprévision ou aux déséquilibres initiaux, conclut l'auteur.

Cette immutabilité,[2] pose le principe de la conception du temps porteur fixe et homogène. Il faut toutefois admettre que l'immutabilité qui n'est pas synonyme d'intangibilité doit être pris dans son sens juridique, c'est à dire la qualité de ce qui ne peut être volontairement changé.[3] Ainsi, même si le contrat puise sa force dans son immutabilité, c'est à dire une fois conclu, s'il apparaît comme une création statique s'imposant

---

[1] C. Thiberge-Guelfucci, *Libres propos sur la transformation du droit des contrats,* Rev. Trim. de droit civil 1997, p 360.

[2] *Immutabilitas de immutabilis* : qui ne peut être changé.

[3] G. Cornu, *Vocabulaire juridique*, puf 2004 p 458.

aux parties, à la volonté desquelles il échappe désormais, l'adverbe volontairement introduit un élément d'extériorité non négligeable.

Avec le principe d'immutabilité se pose la question de l'effet du temps que l'ancien droit ignore dans son principe mais entrevoit implicitement et de manière sous-jacente. Les termes du contrat sont certes immuables, mais que se passe-t-il si les conditions d'exécution viennent à changer ou changent involontairement sous l'effet de facteurs qui échappent aux parties comme l'imprévision, les besoins nouveaux du fait de l'économie internationale, la mondialisation, les déséquilibres initiaux, voire du temps comme avec le contrat de coopération ? Que dire si les circonstances se modifiant rendent plus lourde la charge du débiteur, nommément les pays de la zone franc, le contrat est-il révoqué ou demeure-t-il en l'état du fait de l'immutabilité ?

Le contrat de coopération, en dépit de la charge de plus en plus lourde qu'il fait peser sur l'économie des pays de la zone franc n'a pas été revalorisé, encore moins révisé depuis cinquante ans. On lui applique la rigueur de la thèse du *pacta sunt servanda,* les conventions doivent être respectées, chère aux canonistes. Pour eux, la parole donnée doit être respectée.[1] C'est la force obligatoire du contrat qui est appliquée ici. Les canonistes défendaient aussi la théorie de l'imprévision au nom d'une certaine conception de la morale et de la justice commutative.[2] C'est un principe de droit naturel parce qu'il est fondé sur une règle de morale indiscutée. Il ne saurait y avoir de droit qui puisse prévaloir contre une règle de morale et le devoir du législateur est au contraire de s'en inspirer et de traduire

---

[1] Décrétales de Grégoire IX, I, 35, I. Prescription tirée par les canonistes du fondement moral qu'ils assignaient aux rapports juridiques et d'après lequel les promesses ont force obligatoire par elles – mêmes. H. Roland et L. Boyer, *Adages du droit français,* 3° édit. Litec 1999, n° 300, p. 613

[2] Y. Picod, op. cit. J. Class. 1999, *contrats et obligations*

juridiquement comme l'a fait le code civil.[1] Ce fondement d'origine religieuse… s'est laïcisé emportant pour le débiteur l'obligation d'accomplir les prestations par lui promises.[2]

L'enseignement principal, c'est le décalage entre ce qui est, ce qui se passe concrètement, c'est-à-dire la vie, l'économie du contrat et le comportement, l'attitude des cocontractants. Nous sommes dans le cadre d'un contrat international de coopération et confrontés à l'application d'une règle, d'un principe : l'immutabilité, alors que l'environnement du contrat de coopération a évolué et continue d'évoluer. C'est le premier paradoxe ou le premier problème créé par le temps et le long terme avec cette réponse des cocontractants et particulièrement celle de l'initiateur, créateur et principal contractant à cette occasion. En plus de l'environnement, les principes fondateurs du contrat de coopération subissent eux aussi l'effet du temps et du long terme, quel traitement leur réservera-t-on ?

---

[1] Rouast, *le respect des engagements librement consentis et le contrat dirigé*, Semaines Sociales de France 1938. Aussi Ripert et Boulanger, tome II, n° 20.
[2] C. Thieberge Gulfucci, *la transformation du contrat*, Rev. Trim. Droit civil 1997.

2- Des principes fondateurs de l'accord de coopération dépassés et inopérants

Avec le temps et le long terme beaucoup de choses peuvent se passer et impacter l'économie du contrat. Il en est de même de la vie d'une monnaie et des principes fondateurs qui sous-tendent sa mise en œuvre. L'économie évolue, la mondialisation est venue bouleverser et remettre en cause un nombre important de certitudes sur la scène internationale. Ainsi avec le temps et le développement de l'économie accentuée par la mondialisation, tout ce qui a été présenté comme avantages et qui a sous tendu les principes fondamentaux des accords de coopération ne tient plus vraiment la route. Ce ne sont pas les exemples qui manquent (comme il nous sera donné de le voir par la suite). Ce qui était vrai il y a soixante-dix-huit ans (78) lors de la création de la monnaie des colonies, soixante-trois ans (63) après les indépendances et cinquante ans (50) après la signature des accords de coopération entre la France et les pays de la zone franc et considéré comme avantages ne l'est plus aujourd'hui à l'ère de la mondialisation et de ses conséquences que ce soit en matière monétaire, financière ou économique pour ces pays.

Tous les avantages qui sous-tendent les principes fondateurs se sont avérés avec le temps, le long terme et partant l'évolution des comportements des acteurs économiques internationaux, plus des inconvénients au regard des résultats enregistrés depuis lors dans les pays de la zone franc. Il y a pire, la France qui a soutenu et vanté les avantages des principes fondateurs comme une garantie du développement des pays de la zone franc, profite-t-elle aussi de l'effet du temps et du long terme comme les autres acteurs économiques internationaux.

Ce qui était vrai sur toute la ligne au moment de la signature du contrat de coopération ou présenté comme tel ne l'est plus exactement. Avec l'effet du temps, des éléments nouveaux sont venus interférer dans la vie du contrat, bouleversant ainsi l'économie du contrat de coopération et rendant inopérant parce que dépassés, les avantages qui ont sous tendu les principes directeurs du contrat de coopération. Il faut bien admettre que les pays de la zone franc sont riches en ressources minières énergétiques et agricoles. Dans la zone CEMAC on trouve le Gabon, la Guinée Équatoriale, le Congo, le Cameroun, le Tchad avec notamment le pétrole et des ressources rares. Dans la zone UEMOA il y a la Côte d'Ivoire, producteur mondial de produits industriels comme le café et le cacao. Si nous passons en revue tous ces pays, nous avons :

Le Gabon. L'économie de ce pays a d'abord reposé sur l'exploitation de ses richesses en bois avant de laisser une place prépondérante au pétrole (environ 50 % du PIB depuis le début des années 1970) et aux minerais (uranium, manganèse). Le Gabon est en 2012 le 37° producteur mondial de pétrole avec 242000 barils par jour et le 4° producteur d'Afrique subsaharienne. Le secteur minier est très diversifié avec également des gisements : l'or, le diamant, le niobium et les phosphates, le plomb-zinc et l'argent, la barytine, le talc.

De l'avis des spécialistes, le Gabon possède un sous-sol très riche car géologiquement il est situé sur un craton ancien, le craton du Congo et les métaux précieux et les diamants tendent avec le temps à se regrouper dans des unités géologiques particulières, cela fait que les gîtes et gisements sont très nombreux. On en recense 900.

La Guinée Équatoriale. Les principaux produits exportés de ce pays sont le pétrole brut (90 % des recettes d'exportation) le méthanol (produit à partir du gaz naturel d'Alba dans une usine sur l'île de Boko) et quelques produits forestiers (bois exotiques) et agricoles (notamment le cacao) le gaz naturel liquéfié s'y ajoutera dans quelques années.

L'économie de la Guinée Équatoriale est caractérisée actuellement par la forte production pétrolière qui place le pays comme le 3° producteur de pétrole en Afrique subsaharienne. La production de pétrole et de gaz portée par trois grands gisements offshore (Zafino, Alba, Cerbo) a permis au pays d'avoir une croissance économique à deux chiffres depuis une dizaine d'années (ainsi en 2001 sa croissance fut de 70 %) et de devenir l'un des plus grands receveurs d'investissements étrangers en Afrique.

Le Cameroun dispose de ressources naturelles agricoles (banane, cacao, coton) minières (bauxite, fer, cobalt, nickel, manganèse)

L'économie du Congo repose principalement sur l'exploitation des hydrocarbures le long de la côte atlantique.

La Côte d'Ivoire 15° rang mondial pour le café 1 417 000 de tonnes, 1° rang mondial pour le cacao avec 1750000 de tonnes 2015/2016, huile de palme 9° rang mondial 417 000 tonnes, caoutchouc naturel 7° rang mondial, 1° rang africain 317 000 tonnes.

Avec le temps et le long terme, non seulement de nouvelles découvertes ont vu le jour et ont été réalisées dans ces pays, tout comme les cultures industrielles qui se sont développées, mais aussi et surtout les matières premières ont acquis une valeur marchande conséquente sur le marché des matières premières et énergétiques avec le développement de l'économie mondiale et des demandes en hausse dans le monde. L'exemple du pétrole moteur de l'économie mondiale et toujours aussi demandé est assez édifiant et évocateur. Le cacao et le café ne sont pas en reste pour ce qui est des produits agricoles. Les gains des pays producteurs ont été multipliés et se sont accrus, générant pour l'occasion une masse importante de devises. Avec le temps se sont des milliards qui se sont retrouvés sur le compte d'opérations géré par la France et stocké au Trésor public français conformément à un des principes fondateurs de l'accord de coopération.

Soixante-dix-huit ans (78) après la création du franc CFA, soixante-trois ans (63) après les indépendances et cinquante ans (50) après la signature des accords de coopération, les ressources des pays de la zone franc se sont accrues de manière exponentielle. Elles ont été multipliées par deux par trois, voire plus à l'occasion de nouvelles découvertes et exploitations. Nous avons là le premier effet direct du temps et du long terme dans la vie économique des contractants africains de cet accord de coopération.

La France qui gère le revenu de toutes ces ressources minières, énergétiques et agricoles sans y contribuer, et sans aucun apport direct ou indirect de sa part, se trouve des décennies plus tard avec des sommes considérables à gérer au nom d'un des principes fondateurs du contrat de coopération. Le temps a enrichi considérablement un des contractants la France, du seul fait de ce principe de la centralisation des réserves dans le compte d'opération, bouleversant ainsi de manière exorbitante l'économie du contrat. Et voici comment.

La France place toute cette masse monétaire comme le ferait un organisme de placement normal. Et ce placement lui rapporte de plus en plus d'intérêts. Ces intérêts, c'est de l'argent qui lui revient en propre du seul fait de sa qualité de gestionnaire pour le compte des pays de la zone franc et de surcroît elle détient le monopole de ces placements (ce qui n'est d'ailleurs pas légal car tout monopole doit être encadré et justifié, tel n'est pas le cas ici). Un enrichissement à moindre frais qui représente un manque à gagner pour les pays de la zone franc.

La France est aussi largement rémunérée pour les billets CFA qu'elle imprime à Chamalières dans le Puy de Dôme, une masse de billets en constante progression eu égard à la demande des pays de la zone franc. Avec des matières premières minières, énergétiques et agricoles de plus en plus demandées sur le marché mondial et dont la production augmente de manière exponentielle, avec des cours qui ne cessent eux aussi de grimper, la France gère une masse considérable de fonds provenant des devises. Ce sont là aussi les effets du temps et du long terme sur l'économie du contrat de coopération et partant sur la vie des contractants. Les uns, les pays de la zone franc qui ne profitent pas de ces effets et continuent de toujours s'appauvrir, l'autre, la France qui en tire tous les bénéfices et qui s'enrichit de manière exponentielle.

Des enseignements peuvent être tirés de tout ce qui précède :

Le temps et le long terme, nous font redécouvrir les origines d'un mécanisme et d'un procédé conçus originairement pour enrichir unilatéralement de manière exorbitante et arbitraire son créateur et initiateur, contractant pour l'occasion, l'Allemagne nazie. Soixante-dix-huit ans plus tard, le bénéfice exorbitant que tire la France de ce mécanisme et de ce procédé est assez révélateur et évocateur.

Un mécanisme et un procédé mis en place dans les colonies où l'industrie extractive est à peine développée et ne génère pas de revenus importants se retrouve soixante-dix-huit ans (78) plus tard fournisseur de fonds considérables au profit de la France. Le temps et le long terme ont bouleversé l'économie du contrat de coopération qui s'en est suivi au profit d'un seul contractant. Qu'en est-il des autres principes fondateurs du contrat de coopération ?

La fixité du franc CFA. Avec le temps et le long terme, l'économie mondiale a connu des crises. Les pays développés qui ont des assises solides ont parfaitement résisté, tel ne fut pas le cas des pays d'Afrique et nommément ceux de la zone franc. Sans leur demander leur avis encore moins sans les consulter au préalable et ce nonobstant le principe de la fixité, la France, unilatéralement avec l'aval du FMI a dévalué le franc CFA. La réaction des chefs d'État africains à la suite de cette dévaluation du 12 janvier 1994 est assez significative. Les propos du chef d'État togolais Etienne Gnassingbé Eyadema résument à eux seuls la situation « la force prime souvent le droit. Je n'étais pas le seul à formuler cette mise en garde, mais la France…en a décidé autrement. Les voix africaines n'ont pas compté pour grand' chose dans cette affaire. » Comme déjà souligné.

Nous faisons face à un acte unilatéral et d'autorité de la France, ce qui dénote l'inégalité des contractants puisqu'il y a d'un côté la France, créateur initiateur et à l'occasion contractant mais qui garde toute son omnipotence sur les autres contractants, les pays de la zone franc. Ce qui révèle comme déjà rappelé un des aspects léonins de ce contrat de coopération. Par-delà cet aspect des choses qui porte préjudice aux autres contractants et qui est du point de vue du droit une violation du principe d'égalité des contractants, il est important de noter l'effet du temps et du long terme sur ce principe de fixité que la conjoncture économique des pays de la zone franc a entraîné. Le principe fondateur qui prônait la fixité comme un avantage sûr et certain pour les pays africains et pour leur économie, est démenti, se trouve ainsi en porte à faux avec les propres affirmations et certitudes du créateur initiateur et contractant pour l'occasion, la France. Violant elle-même ce qu'elle a consenti et conclu.

Le temps et le long terme ont ainsi bouleversé l'économie du contrat du fait de cette dévaluation. Les pays africains de la zone franc se retrouvent avec un manque à gagner pour leur économie et leur commerce international alors que cette dévaluation profite amplement à l'autre contractant, principal partenaire commercial, la France avec qui se fait l'essentiel des échanges, qui en tire un avantage substantiel certain pour ses entreprises et pour ses exportations. Encore un bouleversement de l'économie du contrat sous l'effet du temps et du long terme au profit d'un contractant et au détriment d'un autre contractant. Le principe de fixité présenté comme un avantage pour les pays africains de la zone franc est loin de l'être, et pourtant c'est toujours la règle de l'immutabilité qui prévaut nonobstant le bouleversement fondamental de l'économie du contrat.

La libre convertibilité. Avec la libre convertibilité entre le franc CFA et le franc français et maintenant l'euro, l'initiateur, créateur et contractant à l'occasion vantait les mérites d'un développement par le biais d'une facilitation des investissements directs à l'étranger (IDE). Comme souligné dans les pages précédentes, les monnaies non convertibles ont connu et connaissent un attrait de leur économie contrairement aux prétendus avantages qui ont sous tendu ce principe. L'exemple de la Chine, atelier du monde, de l'Inde, bureau du monde, des pays du Sud est asiatiques et nombre de pays émergents à monnaie non convertible qui attirent énormément les IDE est assez évocateur et révélateur à ce sujet. Pire encore, la France créatrice, initiatrice contractant qui a vanté les mérites et les avantages de ce principe pour les pays africains de la zone franc est la première à ne pas les respecter car ses investissements directs à l'étranger (IDE) sont de plus en plus importants dans les pays africains à monnaie non convertible comme le Maroc, la Tunisie, l'Algérie, le Nigeria comparativement aux pays de la zone franc.

Il est manifeste qu'avec le temps, le long terme, la mondialisation est venue renchérir, accentuer le phénomène des investissements directs étrangers (IDE).

Le terme de mondialisation s'est imposé pour désigner le processus d'interdépendance croissante des économies nationales et la constitution d'un espace économique mondial de plus en plus intégré. L'on est donc passé à un stade supérieur de l'intégration économique. Les biens, les services et les capitaux circulent désormais dans un espace mondial où le contrôle des États nations s'est affaibli. L'économie mondiale est caractérisée aujourd'hui à la fois par : une croissance du commerce international en règle générale plus rapide que celle de la production mondiale, une importante croissance des firmes multinationales et donc une mondialisation des processus productifs, un essor spectaculaire du volume des transactions sur les divers marchés financiers.[1] Avec la mondialisation, le monde est devenu un village planétaire où tout est proche, et où tout va très vite. Les frontières physiques ont quasiment disparu, les acteurs économiques, les transactions financières circulent librement et à grande vitesse. Parler de convertibilité comme un avantage des IDE relève d'un anachronisme loin des réalités économiques actuelles.

Par ailleurs, l'essor spectaculaire du volume des transactions sur les divers marchés financiers, caractérisé par la prédominance de la dimension financière accentue les inconvénients de ce principe fondateur.

---

[1] A. Beitone, A. Cazorla, E. Hemdane, *Dictionnaire de science économique*, Armand Colin 2016 p.418

Ainsi du fait de cette liberté de convertibilité, le transfert des fonds déjà accentué se fait encore plus rapidement, plus vite de l'Afrique vers l'Europe. Ce qui est présenté comme un avantage se trouve en définitive être un inconvénient à tous points de vue. C'est l'effet du temps et du long terme sur l'économie du contrat de coopération sur un principe directeur du contrat de coopération et pourtant le principe fondateur de cet accord du contrat de coopération est resté immuable.

C - Le comportement de loyauté dans l'exécution du contrat : l'abstention fautive dans l'action

Le temps et le long terme ont bouleversé l'économie du contrat de coopération comme il nous a été donné de le voir ci-dessus, et pourtant c'est le principe de l'immutabilité qui a prévalu, maintenant ainsi le contrat en l'état, en dépit de cet état des choses, voire mieux de cette situation. La question de fond qui se pose est la suivante : comment contourner ou contrecarrer cette immutabilité et permettre la révision du contrat. Une révision rendue nécessaire et indispensable par le long terme et l'incertitude qui lui sont consubstantiels. Plusieurs thèses ont été avancées, mais elles se sont révélées dans leur grande majorité peu convaincantes. Preuve de la complexité du problème du temps et du long terme dans la vie des contrats.

Il a fallu recourir à l'article 1134 al 3 du code civil français (Les conventions légalement formées tiennent lieu de loi à ceux qui le sont faites. Elles ne peuvent être révoquées que de leur consentement mutuel ou pour les causes que la loi autorise. *Elles doivent être exécutées de bonne foi*), remplacé depuis 2016 (ordonnance n° 2016 131 du 10 février 2016 art 2 en vigueur le 1 octobre 2016) par l'article 1104 *« Les contrats doivent être négociés, formés et exécutés de bonne foi, cette disposition est d'ordre public. »*

A propos d'ailleurs de cet alinéa 3, (ancien du code civil français, *les conventions doivent être exécutées de bonne foi*)

Domogue, dans les années 1930, disait déjà que *« les conséquences qu'on a tirées de l'idée de bonne foi entre les contractants sont encore assez pauvres et que le contrat moderne peut être conçu d'une façon plus vivante et plus complexe en faisant sortir de l'idée de bonne foi de nouveaux rameaux »* [1] : un appel explicite à l'action. Depuis lors, le contrat s'est non seulement modernisé mais est devenu plus complexe, eu égard aux nouveaux types de relations suscités par le développement économique. Les ensembles et groupes de contrats par exemple et nommément ici le contrat de coopération monétaire entre la France et les pays de la zone franc et ses principes fondateurs sont un exemple vivant ; si bien que l'idée de Domogue, en plus d'être prémonitoire, est plus que d'actualité.

Fort de cette interprétation et l'idée *« de nouveaux rameaux à faire sortir »* proposées par Domogue, la doctrine va inventer un sens revu et corrigé par les limites de l'alinéa 3 (avec la théorie de l'imprévision), [2] mais surtout actualiser le sens de la bonne foi dans un univers contractuel de plus en plus complexe et incertain qui, sur la base du long terme, va faire appel et intégrer l'intérêt lié des parties à travers un comportement de loyauté dans l'exécution du contrat. Ce qui pose d'une manière générale le problème de l'intérêt et de la bonne foi, deux notions que tout semble opposer dans l'absolu mais qui se trouvent

---

[1] Domogue, *Traité des obligations en général,* A. Rousseaux, T 6 -1931 n° 3.

[2] Théorie prétorienne élaborée par le Conseil d'État mais rejetée par la jurisprudence civile et discutée dans ses rattachements (continuité du service public, *clause rebus sic stantibus,* bonne foi etc.) en vertu de laquelle le juge a le pouvoir de réviser un contrat à la demande d'une partie lorsque par suite d'un événement extérieur, étranger à la volonté des contractants (circonstances économiques, monétaires, etc.) et imprévisible lors de la conclusion (d'où le nom de la théorie), l'exécution de celui-ci devient pour l'un des contractants non pas impossible (différence avec la force majeure), mais tellement onéreuse qu'elle risque de ruiner (parfois interrompre le service public), déséquilibre dans l'économie du contrat qui à la différence de la lésion survient en cours d'exécution. G. Cornu, *Vocabulaire Juridique* 11° édit Puf 2016 p. 527

conjugués dans les contrats internationaux comme régulateur des intérêts.

En effet dans l'absolu, tout sépare l'intérêt et la bonne foi : recherche d'un avantage pour l'un, comportement de loyauté pour l'autre. Tenter de les rapprocher semble périlleux, tant les questions sont nombreuses : comment un comportement qui fait appel à des considérations d'ordre moral de loyauté et une considération d'ordre économique, souvent guidée et sous-tendue par le profit et le gain peuvent-ils aller de pair ? La recherche première d'un avantage quel qu'il soit est-il compatible avec un comportement moral de loyauté ? Là où le lucre détermine l'action, peut-il y avoir place pour un comportement moral ? Peut-on être à la fois intéressé et de bonne foi ? L'un des comportements ne risque-t-il pas de tuer l'autre ou de l'anéantir ? L'intérêt et la bonne foi ne sont-ils pas en définitive antinomiques ?

Or, au-delà de cette apparente opposition, les deux notions se trouvent parfois conjuguées, comme c'est le cas dans le monde des affaires à travers notamment les négociations internationales dites *contrat de négociation*. En effet, en dépit des enjeux financiers et l'omniprésence du gain ou du profit, l'obligation de négocier de bonne foi y est un devoir et une pratique bien établis. Mais qu'en est-il pour ce qui est de l'exécution du contrat lui-même ?[1] En effet un auteur reprenant A. Rieg[2] pose la question fondamentale : « Le créancier qui exige l'exécution de l'obligation de son débiteur se conduit-il comme un contractant de bonne foi si sa prestation ne correspond plus à rien ? »[3] Ainsi la prestation de la France qui

---

[1] Sur le sujet : Ch. Zagoh, *L'intérêt et la bonne foi,* Revue Banque et Stratégie N° 255 janvier 2008 p 24 et s.

[2] A. Rieg, *Le rôle de la volonté dans l'acte juridique en droit civil français et allemand*, LGDJ 1961, p 537.

[3] Y. Picod, *Le devoir de loyauté dans l'exécution du contrat*, thèse Dijon 1967 préface G. Couturier LGDJ 1989 n° 83 et s. *L'exigence de la bonne foi dans*

consiste à placer pour son propre compte les avoirs que les pays africains de la zone franc sont tenus de déposer dans son Trésor public, comme le ferait un organisme de placement financier normal moyennant d'énormes intérêts, correspond-elle à quelque chose voulu et prévu de manière explicite par le contrat de coopération ? Rien de tel dans le contrat et encore moins dans l'esprit du contrat de coopération. Nous sommes en présence d'une prestation de la France pour son propre compte qui ne correspond à rien au regard du contrat.

Par ailleurs détenir et gérer longtemps 100 % puis 65 %, et enfin 50 % (seulement à partir de 2005) les avoirs des pays de la zone franc dans un compte d'opération au Trésor public français, au titre d'une garantie voulue, minutieusement préparée et taillée sur mesure, correspond-il à quelque chose qui serait en adéquation avec l'esprit et surtout le fondement et le sens profond de la garantie. C'est-à-dire une obligation accessoire qui naît de certains contrats (vente, bail, entreprise etc.) à la charge d'une partie et qui renforce la position de l'autre lorsqu'en cours d'exécution celle-ci n'obtient pas la satisfaction qu'elle était en droit d'attendre.[1] Ne gère t- elle pas en définitive le fruit du travail d'autrui, et qui en termes de prestation contractuelle ne correspond à rien non plus, sauf à profiter et à bénéficier largement du contrat de coopération ?

Pour un autre auteur « la révision doit être admise et imposée à celle de la partie qui en a les moyens dès lors que l'autre est susceptible d'être exclue du rapport contractuel. Serait ainsi de mauvaise foi, la partie qui n'accepte pas la révision du contrat alors que des circonstances extérieures impossibles à prévoir au moment de sa formation sont sur le point de ruiner l'autre partie. » Si donc l'une des parties a les moyens de permettre la continuation des relations contractuelles et ne le fait pas, elle est

---

l'exécution du contrat in le juge et l'exécution du contrat, P.U. Aix Marseille 1993, n° 1 plus J.Class. précité.

[1] G. Cornu, *Vocabulaire juridique,* Puf 2016 p. 484

de mauvaise foi. Serait donc de mauvaise foi celui qui peut et ne fait pas, c'est donc une abstention fautive dans l'action. L'auteur conclut son raisonnement ainsi : « le recours à la notion de bonne foi tourne autour de cette alternative : si la révision a lieu, le contrat doit être considéré comme étant exécuté de bonne foi, et en toute hypothèse, l'une des parties peut la solliciter de l'autre au nom de la bonne foi. Si elle n'a pas lieu au point d'entraîner son éviction du rapport contractuel, alors que l'autre avait les moyens de l'éviter, c'est à celle-ci d'en supporter la charge financière parce qu'elle doit être considérée comme étant de mauvaise foi. » [1]

La situation économique des pays de la zone franc n'est pas reluisante en dépit du contrat de coopération. La France tire d'énormes bénéfices de ce contrat avec le principe fondateur du compte d'opérations. La révision de ce contrat de coopération n'a jamais eu lieu depuis cinquante ans (50) nonobstant la situation économique des pays de la zone franc. Le contrat n'est pas exécuté de bonne foi de la part du grand bénéficiaire, bien au contraire. Il y a une abstention fautive de la France qui peut et ne fait pas.

Après l'intérêt et la bonne foi, une autre question d'importance capitale dans l'exécution du contrat se pose : la bonne et mauvaise foi sur fond de circonstances extérieures impossibles à prévoir au moment de la formation du contrat.

Nous sommes, comme déjà rappelé, dans un contrat international à long terme signé il y a cinquante ans (50), un contrat à exécution successive. Le temps et le long terme ont entraîné des circonstances impossibles à prévoir au moment de la signature, particulièrement sur le plan économique comme la mondialisation, une conjoncture économique difficile, une crise économique qui ont bouleversé la vie du contrat et surtout

---

[1] C. Jamin, *Droit et patrimoine* 1998, n° 58

affecté lourdement l'une des parties au contrat, les pays africains de la zone franc au point de mettre leur économie dans un état qui n'est pas très reluisant, avec pour conséquence principale : la dévaluation unilatérale du franc CFA par la France, mais aussi un déficit criant de l'épargne alors que le compte d'opérations gère pour eux des milliards au Trésor public français, la faiblesse des investissements directs étrangers (IDE). Des IDE que devait entraîner le principe de la libre convertibilité.

A tout ce cortège de circonstances ruineuses pour les pays de la zone franc, il convient d'ajouter tous les privilèges que le mécanisme du contrat de coopération octroie au créateur, initiateur et contractant principal la France pour l'occasion, sans oublier tous les bénéfices qu'elle tire de ce contrat ; ce qui aggrave encore d'avantage une situation loin d'être reluisante pour les pays de la zone franc. Toujours est-il que, le contrat de coopération et ses principes fondateurs n'ont pas été révisés. Au contraire, c'est l'immutabilité qui a prévalu comme rappelé ci-dessus.

Plusieurs enseignements peuvent être tirés de cette situation : D'abord la révision du contrat doit être admise et imposée, du fait du bouleversement de l'économie du contrat.

Ensuite, le contrat de coopération et ses principes fondateurs n'ayant pas été révisés, nonobstant tous les bouleversements ci-dessus décrits et les supposés avantages qui n'ont été au final que des inconvénients, on ne peut donc pas dire, encore moins affirmer que le contrat a été exécuté de bonne foi.

Enfin, reconnaître la mauvaise foi de l'initiateur, créateur et contractant pour l'occasion, la France qui profite du mécanisme de ce contrat, mais surtout qui peut et ne fait pas avec cette abstention fautive dans l'action.

Ainsi au nom de la bonne foi, les pays de la zone franc peuvent en définitive demander la révision du contrat de coopération. Ils ont même le droit et le devoir de le faire au nom des intérêts de leur peuple qu'ils sont censés représenter et défendre par délégation de pouvoir. Le pourront-ils effectivement ? C'est un autre volet important et même délicat du problème qui sera abordé plus loin. Toujours est-il que la mauvaise foi de la France est manifeste pour cette abstention fautive dans l'action.

Il faut bien admettre que cette idée de mauvaise foi somme toute logique parce que le contractant peut et ne fait pas, doit être relativisée parce que la mauvaise foi doit être non seulement prouvée mais surtout justifiée et démontrée (la mauvaise foi ne se présume pas), sans oublier ni occulter les revendications et les droits légitimes dont pourrait se prévaloir le contractant accusé d'être de mauvaise foi, même si c'est au détriment de son cocontractant.

Devant les difficultés d'application qu'un comportement même manifeste de mauvaise foi pourrait susciter et, ce faisant, retarder l'opération toute entière, un auteur propose d'imposer une obligation de coopération et renégociation chaque fois que le créancier peut être utile à son débiteur c'est à dire si ses intérêts ne sont pas sacrifiés, ceci pour aplanir les difficultés majeures ou les obstacles à l'exécution du contrat. Ainsi on arriverait à ce qu'il appelle une véritable solidarité contractuelle.[1] Les intérêts de la France avec tout ce que lui rapporte le contrat de coopération sont loin d'être sacrifiés. Pourquoi ne consentirait-elle pas à cette obligation de renégociation ? C'est une énigme à laquelle les spécialistes de la question n'ont pas encore trouvé de réponse.

Un dernier auteur parle lui de concept de solidarisme contractuel parce que « assure une plus grande souplesse

---

[1] Y. Picot, op. cit.

d'exécution du contrat lorsque celui-ci est conclu pour une longue durée, en permettant d'atteindre le résultat minimum que visait chacune des parties au moment de sa formation, alors que les conditions de son exécution ont modifié leurs prévisions ».[1] Ce solidarisme contractuel basé sur la bonne foi favorise selon l'auteur non seulement la réalisation de l'objet du contrat mais surtout semble avoir partie liée avec la recherche d'une plus grande efficacité économique. N'est-ce pas cette efficacité économique que recherchent les pays de la zone franc en signant ce contrat de coopération ?

Au vu de tout ce qui vient d'être décrit, le contrat de coopération entre les pays de la zone franc et la France est loin d'avoir atteint l'objectif du contrat, ici le développement socio-économique des pays de la zone franc à travers le mécanisme du franc CFA et plus particulièrement les principes fondateurs du contrat de coopération. Justement ne pourrait-on pas tendre vers un solidarisme contractuel pour une plus grande efficacité économique qui est la clé de voûte de tout l'édifice ?

Au regard de l'état de l'économie des pays de la zone franc et des résultats obtenus soixante-trois ans (63) après les indépendances et cinquante ans (50) après la signature du contrat de coopération et de ses principes fondateurs, nous sommes très loin du solidarisme contractuel prôné par cet auteur. Bien au contraire, le contrat de coopération profite plus à une partie. Les pays de la zone franc ne voient guère leur situation économique s'améliorer en dépit de leur contribution au compte d'opérations et du niveau des sommes ainsi stockées au Trésor public français.

Catherine Thibierge-Guelfucci parle elle *in fine* « d'utilité concrète et réciproque » parce que pour elle, aujourd'hui, le contrat est envisagé comme un instrument d'échanges ou de

---

[1] C. Jamin, op. cit. P 57

services et donc une utilité concrète et réciproque ne pouvant plus s'accommoder du principe ayant donné lieu à l'arrêt Craponne. Nous touchons là encore à une des limites du droit commun des contrats face au phénomène du temps.

Toujours est-il que même si la bonne foi est respectée, et que nous sommes dans une dynamique de solidarité contractuelle, une nouvelle négociation va devoir s'engager pour aplanir les difficultés majeures dues aux bouleversements. Et c'est justement cette renégociation que recommande et qu'applique la pratique internationale. Mais il faut toutefois remarquer que si l'obligation de renégocier est de résultat,[1] elle n'est que de moyen [2] pour le surplus, les parties n'ont pas l'obligation d'aboutir. [3]

D- La renégociation du contrat de coopération : un exercice non dépourvu de risque

Face aux bouleversements enregistrés du fait du temps et du long terme, cinquante ans (50) comme ci-dessus invoqués et l'application du principe de l'immutabilité qui n'est plus adapté à la situation, une renégociation du contrat de coopération s'impose pour l'adapter aux circonstances nouvelles. Toujours

---

[1] Obligation de résultat ; (dite parfois obligation déterminée) obligation du débiteur de parvenir à un résultat déterminé, de telle sorte que la responsabilité du débiteur est engagée sur la seule preuve que le fait n'est pas réalisé sauf à justifier s'il le peut en prouvant que le dommage vient d'une cause étrangère G. Cornu, *Vocabulaire juridique* Puf 2016 p. 702.

[2] Obligation de moyens (dite aussi obligation générale de prudence et de diligence) obligation pour le débiteur non de parvenir à un résultat déterminé mais d'y appliquer ses soins et ses capacités... de telle sorte que la responsabilité du débiteur n'est engagée que si le créancier prouve, de la part de ce débiteur, un manquement à ses devoirs de prudence et de diligence G. Cornu op. cit p. 72.

[3] Ph. Tourneau, *Droit de la responsabilité et des contrats*, Dalloz Action p. 913, n° 3705

est-il que l'opération d'apparence facile de prime abord, n'est pas dépourvue de risque à plusieurs points de vues.

D'abord comme déjà évoqué, par-delà la question du temps et du long terme inhérent aux contrats internationaux, le problème auquel nous faisons face est sensible et éminemment politique. Il se pose surtout sur fond de stratégie politique et dans un contexte géopolitique de zone d'influence de l'ancienne puissance colonisatrice qui n'est pas prête à renoncer non seulement à sa zone d'influence par-delà cette monnaie, mais surtout aux privilèges qu'elle lui offre. Une monnaie qu'elle a créée, initiée et conduite dans ses colonies en 1945 et qui est sa chose, sa propriété au sens juridique du terme.

A preuve, elle en a le *fructus,* utilisé dans la trilogie des attributs du droit de propriété *(usus, fructus, abusus)*, terme latin signifiant « droit de percevoir les fruits d'une chose, » « fruit de cette chose, » encore ou dans la définition de l'usufruit pour désigner au sens strict du terme le droit de jouissance.[1] Ce privilège ne semble pas exister pour les pays de la zone franc. En effet et en réalité, c'est seulement la France qui tire véritablement les bénéfices du franc CFA à travers les comptes d'opérations ouverts au Trésor Public français suivant « le principe de la centralisation des réserves de change des pays africains au Trésor Public français ». La convention de coopération monétaire entre la France et les pays africains de la zone franc stipule : « les États membres conviennent de mettre en commun leurs avoirs extérieurs dans un fonds de réserve de change. Ces réserves feront l'objet d'un dépôt auprès du Trésor Public français dans un compte courant dénommé compte d'opérations. »[2]

Il est à noter que « jusqu'en 1973, les Banques Centrales africaines étaient tenues de verser sur les comptes d'opérations

---

[1] G. Cornu o. p. cit p. 483

[2] Article 11 de la convention de coopération monétaire entre la France et les pays membres de la BEAC, 1973

au Trésor public français, la totalité des avoirs extérieurs qu'elles détenaient. » La convention de 1973 qui se veut plus tolérante, accepte que les pays africains de la zone franc puissent déposer au Trésor Public français 65 % au moins de leurs réserves de change. » Depuis le 26 septembre 2005 ce taux est passé de 65 % à 50 %.

Elle a aussi *l'abusus,* mot latin signifiant littéralement « utilisation jusqu'à épuisement, » « consommation complète » encore utilisé pour désigner, non l'abus par le propriétaire de son droit, mais l'un des attributs normaux du droit de propriété sur une chose : le droit pour le propriétaire d'en disposer par tous actes matériels ou juridiques de transformation, de consommation, de destruction, d'aliénation ou d'abandon. [1] Ainsi du fait de cet attribut du droit de propriété, la France, unilatéralement a dévalué de 50 % le franc CFA en janvier 1994 sans consultation préalable des « supposés propriétaires » du franc CFA.[2]

Et pour ne pas arranger ni faciliter la résolution du problème, nous touchons aussi à deux domaines qui ne font pas toujours bon ménage surtout en Afrique : la politique et le droit. Le droit « trépasse » souvent là où passe la politique en Afrique, a-t-on souvent l'habitude de dire.

Mais par-delà cette question politique et celle plus spécifique de la politique économique et monétaire, il s'agit principalement de la vie et du devenir de 155 millions de personnes, et pour ce faire, la règle de droit en la matière doit être impérativement rappelée, prodiguée et enfin appliquée dans toute sa rigueur, *dura lex sed lex* (la loi est dure mais c'est la loi). La règle de droit se présente comme une disposition générale et

---

[1] G. Cornu op. cit. p. 9

[2] Yacouba Fassassi *Le franc CFA ou la monnaie des pays PMA,* L'harmattan 2013 p.42

impersonnelle, ayant vocation à régir sans distinction un nombre infini d'hypothèses.[1] Un jour que nous souhaitons proche et que nous appelons de tous nos vœux, comme dans tous les pays démocratiques et particulièrement en France ; en dépit des réticences et des difficultés du moment, ourdies, sous tendues par les intérêts et les privilèges des uns et des autres pour un statu quo de la situation.

Pourquoi la norme juridique qui fait la force et qui régit dans les moindres détails tout le corps social en France et qui en fait le fondement de sa société, serait-elle paradoxalement ignorée par ce pays quand il s'agit de l'appliquer sous d'autres cieux, dans des relations avec d'autres pays, quand bien même seraient-elles d'anciennes colonies ? C'est la question que nous nous posons et le sens de notre démarche. L'application du droit international dans ce contrat international à long terme à l'instar de tous les autres contrats internationaux à long terme.

Ensuite la solution que propose la pratique internationale aux parties concernées face à ce délicat problème du long terme n'est pas exempte de risque, car ce qu'elle propose aux parties concernées n'est qu'une renégociation avec un certain dispositif. Il ne s'agit aucunement de règles, de normes précises pour résoudre un conflit d'une manière générale d'où la difficulté. Négociation et renégociation n'ont d'ailleurs pas un sens juridique précis,[2] la renégociation étant un processus de dialogue (propositions et contrepropositions) orienté vers une modification du contrat en cours d'exécution. Il ne s'agit pas de conclure un futur contrat, les parties opèrent sur un contrat déjà formé.[3]

---

[1] H. Roland, L. Boyer, *Adages du droit français*, édit. Litec 1992 p. 190
[2] C. Cedras, *L'obligation de négocier*, RDT com. 1985, 265
[3] L. Aynès, *Le devoir de loyauté*, Rev. De jp. Com. 1999 p. 11

La renégociation proposée par la pratique internationale doit prendre en compte, outre les conséquences du temps, que sont les bouleversements, le fait que la négociation initiale a fait naître des droits et des obligations et que les contractants ne subissent pas l'effet du temps de la même manière. Certains le subissent directement, comme les pays de la zone franc. Pour eux le principe de la renégociation ne pose pas de problème et s'impose. D'autres par contre ne le subissent pas du tout ou pas directement, bien au contraire le contrat de coopération leur confère des droits, un pouvoir exorbitant et les enrichit, la France ; mais à cause de l'interdépendance des différents contrats, il va falloir renégocier pour sauvegarder l'équilibre contractuel général. Cet équilibre doit être un gagnant-gagnant en termes de résultat économique. En tout cas nous en sommes loin avec le contrat de coopération. Il faut aussi prendre en compte tout le mécanisme propre à l'opération de renégociation elle-même avec toutes les démarches, toutes les préoccupations pour juguler le problème sans oublier toute la procédure interne.

Concrètement, pour anticiper le risque qui menace d'une manière générale l'opération toute entière, la pratique internationale agit en amont en proposant aux parties l'introduction de clauses d'adaptation. L'incorporation de telles clauses traduit l'acceptation du principe même de bouleversement et partant du risque que cela représente et donc de « l'intégration du changement à l'économie du contrat. »[1] C'est la démarche qui va poser les bases de la reconnaissance du bouleversement. (1) L'étape suivante, plus aléatoire, est la mise en tension de tout le mécanisme pour rendre effectif le changement et permettre la poursuite de l'opération, « subordonner l'existence et l'exécution du changement à des mécanismes complexes pour faciliter la solution des conflits. »[2] (2) Toujours est-il qu'une autre préoccupation liée à la négociation va naître, le sort et /ou le devenir du contrat pendant

---

[1] B. Opppetit, *L'inadaptation des contrats internationaux aux changements de circonstances : la clause de hardship,* Clunet 1974, p. 798 et s.
[2] B. Oppetit, op. cit. p. 798.

la négociation. Celui-ci est-il suspendu du fait du bouleversement de l'équilibre contractuel ou continue-t-il de s'exécuter normalement ? (3)

1- L'incorporation des clauses dans la structure du contrat

Dans un contexte de crise économique sévère, l'introduction dans les contrats de long terme d'une clause de hardship devient une nécessité. La clause de hardship est définie comme une espèce de clause de révision ou d'adaptation en usage dans les contrats internationaux, encore nommé clause de sauvegarde ou de renégociation en vertu de laquelle les parties à un contrat s'engagent à renégocier le contenu de leur accord lorsque les circonstances extérieures lui ont fait subir de profonds déséquilibres, en conférant parfois au juge, à défaut de nouvel accord, le pouvoir de procéder lui-même à une révision qui n'altère pas l'économie de l'opération ou à déclarer l'accord caduc. [1]

Nous sommes dans un contrat de long terme : le contrat de coopération (et ses principes fondateurs) entre la France et les pays africains de la zone franc conclu il y a cinquante ans (50). La crise économique a frappé et frappe encore plus lourdement les pays à économie faible et vulnérable comme celle des pays de la zone franc. L'introduction d'une clause de hardship devient plus que jamais une nécessité du fait du bouleversement de l'économie du contrat.

Et d'ailleurs la crise internationale qu'affrontent aujourd'hui les entreprises permet non seulement de mieux comprendre l'importance et la portée du mécanisme mais redonne toute leur actualité aux clauses de hardship.[2] Deux types de clauses sont

---

[1] G. Cornu, *vocabulaire juridique* puf 2016, p. 507.

[2] L. Archambault, *La révision des contrats en période de crise,* 22 mars 2012, L'Usine nouvelle n° 3277

généralement proposés aux parties : les clauses dites « de maintien de la valeur » [1] et les clauses de réadaptation.

Dans la première catégorie on peut citer la clause d'indexation qui prévoit une variation automatique du prix de la prestation en cas de modification d'un indice de référence.[2] L'avantage de cette clause consiste à prémunir les parties contre les conséquences de la dépréciation monétaire en essayant de conserver la valeur réelle des prestations.[3] Conscients que si les circonstances changent, la composition du contenu du contrat va également se modifier et conscients aussi de l'équilibre contractuel, les parties vont insérer de telles clauses dans leurs contrats.

En effet même si le montant nominal de la créance reste constant, sa valeur réelle peut diminuer en cas de dépréciation monétaire, désavantageant le créancier par rapport aux prévisions initiales. De même le montant de la dette tout en conservant une stabilité, va représenter une dette moins lourde pour le débiteur.[4] Ce problème surgit sous sa forme la plus aiguë à l'occasion des prêts internationaux à long terme et d'autres activités internationales à long terme telles que les contrats à

---

[1] On peut définir d'une manière générique "une clause de maintien de la valeur" comme une méthode permettant de répartir les risques monétaires entre les parties à une transaction internationale que cette répartition soit explicite ou implicite, délibérée ou non. En conséquence toute transaction internationale qui prévoit l'exécution d'un paiement par l'une quelconque des parties, comporte par définition une clause de maintien de la valeur même si ce paiement doit être effectué dans la monnaie du pays de l'une des deux parties " in *Clauses de maintien de la valeur dans les transactions internationales* S. A. Silard Clunet 1972 p. 214.

[2] M. Herbert, *Observations sur la nature et la validité de la clause d'échelle mobile,* RTD civ. 1947, p 1. G. Rouette *la révision conventionnelle du contrat,* RIDC, 1986 p 395, n° 22. B. Boccara, *Définir l'indexation,* JCP 1985, ed. G. I, 3187, n°4

[3] M. Hubert, op. cit. P. Azard, *L'instabilité monétaire et la notion d'équivalence dans le contrat,* JCP 1953 éd. G, I, 1092, n°2

[4] P. Laloux, Étude *critique des moyens de se prémunir contre les répercussions de l'instabilité monétaire dans les contrats à long terme,* 1925 p 20 à 22

exécution successive (construction de bateaux, recherche pétrolière, contrat d'assurance.) [1]

Dans la deuxième catégorie, il existe une grande variété de clauses dites de "réadaptation" selon le secteur économique considéré ou même selon le type de contrat. Parmi ces clauses, nous citerons notamment : la clause dite "de hausse et de baisse", la clause de force majeure et surtout la clause de hardship, encore nommée clause de sauvegarde ou de renégociation qui correspond au mécanisme le plus élaboré et le plus général d'adaptation d'un contrat international à de nouvelles données. Elle a vocation à harmoniser toutes les obligations et permet un rééquilibrage global du contrat lorsque les circonstances extérieures lui ont fait subir de profonds déséquilibres. Son origine semble provenir des contrats internationaux à la suite de la crise du canal de Suez. [2]

Deux objectifs sous-tendent la démarche par-delà la diversité : anticiper contractuellement la survenance d'un bouleversement extérieur aux parties et insérer dans le contrat une clause soigneusement rédigée. Quoi qu'il en soit, par-delà cette incorporation se pose la question fondamentale de l'efficacité du hardship. L'incorporation et surtout la parfaite rédaction des clauses assurent-elles ou peuvent-elles assurer une efficacité du hardship et partant celle de l'équilibre contractuel ? Rien n'est moins sûr, même si de prime abord on est tenté de répondre par l'affirmative, *pacta sunt servanda,* la réalité est toute autre. La clause de hardship n'a pour but que de provoquer « une renégociation du contrat lorsque le changement envisagé s'est produit. » La suite est subordonnée à l'issue de la négociation.

---

[1] S. A. Silard, *Clause du maintien de la valeur dans les transactions internationales,* Clunet 1972 p 214

[2] J. M. Mousseron, *La gestion des risques par le contrat*, RTD civ. 1988, p. 490, n° 19

Qu'en est-il, si les négociations n'aboutissent pas ? Le contrat sera-t-il frappé de caducité *ipso jure* ou chaque partie pourra-t-elle le résilier sans autre préavis ? Autant d'interrogations qui rendent encore un peu plus aléatoire la suite de l'opération. C'est le risque le plus sérieux voire le plus préoccupant que génère le phénomène de la durée dans un ensemble complexe avec une diversité de partenaires. Il y a ensuite la configuration juridique et enfin l'interdépendance des relations et des contrats entre eux-mêmes dans un contexte de long terme propice aux modifications et aux bouleversements de l'économie du contrat.

2- La subordination de l'existence et de l'exécution du changement à des mécanismes complexes

L'issue des négociations conditionne le changement qui doit permettre le redémarrage de l'opération. Ainsi l'existence, mais surtout l'exécution du changement, sont tributaires de mécanismes complexes, un risque pour l'opération. Deux difficultés doivent être surmontées à l'occasion de cette renégociation : les conditions de validité propres à la clause de hardship et la négociation proprement dite. Ces difficultés constituent autant d'aléas qui peuvent perturber voire empêcher le rééquilibrage des contrats en vue de la poursuite de l'opération déjà commencée.

a- L'existence des conditions de la réadaptation

Pour que la clause de hardship puisse jouer, certaines conditions doivent être réunies. La première condition est le changement de circonstances, entraînant un déséquilibre de l'économie du contrat ou la modification des circonstances sous l'empire de laquelle les parties ont contracté. Cette impossibilité d'exécution doit être extérieure aux parties ou à la partie qui l'invoque, le bouleversement de la situation ne doit donc pas être imputable à la partie qui en est victime. Qui plus est, pour une réadaptation effective du contrat, il faut une modification de la situation générale des données. Ces conditions sont-elles remplies pour que la clause de hardship puisse effectivement s'appliquer au contrat de coopération. L'analyse des faits va nous éclairer.

a- 1 Le changement de circonstances

Comme évoqué ci-dessus, soixante-dix-huit ans (78) après la création du franc CFA, soixante-trois ans (63) après les indépendances des pays de la zone franc, cinquante ans (50) après la signature de l'accord de coopération, énormément de choses ont changé. Ce qui a inéluctablement eu des effets sur l'économie du contrat de coopération. Le contexte géopolitique a changé. Les anciennes colonies françaises d'Afrique ont acquis leurs indépendances et sont devenues politiquement indépendantes. Un changement de statut, voire de qualité des contractants est donc intervenu. Ils ont par la suite, signé treize ans plus tard en 1973, un contrat de coopération monétaire avec l'ancienne puissance colonisatrice visant leur politique monétaire pour un développement économique et social. Un contrat qui dure depuis cinquante ans (50). Ce contrat de coopération va-t-il contribuer à la réalisation de cet objectif ? C'est toute la question.

Avec les indépendances et depuis la signature du contrat de coopération monétaire, il y a eu un changement significatif dans la vie des contractants africains : une infrastructure économique à mettre en place, une industrie à financer, des investissements à trouver, une administration à construire et à financer etc. la liste est longue. Il y a eu aussi un accroissement significatif de la population qui a entraîné des besoins nouveaux, des contraintes, une multiplication des obligations auxquelles les nouveaux États ont eu à faire face et qui ont impacté l'économie du contrat de coopération monétaire. Une politique monétaire via des principes fondateurs du contrat de coopération au final dépassée, incapable de faire face aux nouvelles réalités, aux obligations nées du changement de circonstance sous l'effet du temps et du long terme.

Ces circonstances ont entraîné inéluctablement un bouleversement et un déséquilibre de l'économie du contrat de coopération pour les pays de la zone franc, faute de gain financier et de résultat probant pour faire face et répondre à leurs besoins et à leurs dépenses ; loin de l'objet initial du contrat de coopération : le développement économique et social des pays de la zone franc alors que l'autre contractant, la France a continué de s'enrichir. Ainsi pour reprendre la formule chère au droit des sociétés, consacrée aux entreprises en difficulté, on dirait, face à cette situation, qu'avec leur actif disponible (si tant est qu'ils en aient), ils ne peuvent pas faire face à leur passif exigible et qu'ils sont en « cessation de paiement » chronique, faute de disposer d'actif disponible suffisant qui serait tenu et géré par la France.

Par-delà le temps et le long terme, les causes lointaines de ce déséquilibre sont aussi à chercher dans le mécanisme et le procédé de cette monnaie qui ne sont plus adaptés. Et qui sont même anachroniques. Un mécanisme basé sur les inconvénients et l'aspect négatif du clearing pour piller et appauvrir les colonies occupées par l'Allemagne nazie. Mécanisme et procédé repris avec la monnaie des colonies françaises d'Afrique CFA, pour des colonies d'Afrique au service de la métropole et du mercantilisme colonial et qui ont été reconduits sous un nouvel habillage juridique, le contrat de coopération entre la France et les pays de la zone franc. Les mêmes causes produisent d'ailleurs souvent les mêmes effets, même soixante-dix-huit ans (78) plus tard. L'effet du temps et du long terme nous ramène ainsi avec le bouleversement de l'économie du contrat et l'appauvrissement des pays de la zone franc, aux sources de ce mécanisme avec le contrat de coopération monétaire.

Le déséquilibre de l'économie du contrat de coopération.

Avec les principes fondateurs du contrat de coopération, la France a continué de s'enrichir et les pays de la zone franc n'ont pas vu leur situation connaître une amélioration. Ils se sont même appauvris comparativement à la situation du contractant principal voire surtout des bénéfices qu'il tire du contrat de coopération. L'exemple qui symbolise le mieux cette situation est la centralisation des réserves de change dans un compte d'opérations. La convention entre la France et l'Afrique de la zone franc stipule que : « les États membres conviennent de mettre en commun leurs avoirs extérieurs dans un fonds de réserves de change. Ces réserves feront l'objet d'un dépôt auprès du Trésor français, dans un compte courant dénommé : compte d'opérations. » [1] Et la banque versera au compte d'opérations les disponibilités qu'elle pourra constituer en dehors de sa zone d'émission. [2]

Jusqu'en 1973, les banques centrales africaines étaient tenues de verser sur ce compte la totalité de leurs avoirs extérieurs qu'elles détenaient. La convention de 1973, qui se veut plus souple, contraint les PAZF à déposer au Trésor français 65 % au moins de leurs réserves de change. La convention les autorise à détenir au maximum 35 % de leurs avoirs extérieurs pour répondre à leurs besoins de trésorerie et honorer leurs engagements auprès du FMI et de la BRI (banques des règlements internationaux.)[3] Depuis le 20 septembre 2005, ce taux [4] est égal à 50 % pour la BCEAO et à 60 % pour la BEAC dont la quotité se réduit à celle de son homologue d'Afrique de l'Ouest dès le premier juillet 2009. Le taux de 65 % est inchangé pour la BCC des Îles Comores. Ce qui est encore beaucoup trop

---

[1] Article 11 de la convention de coopération monétaire entre la France et les États membres de la BEAC, 13 Mars 1973.

[2] Article 2 de la convention de compte d'opérations entre la France et les pays africains de la zone franc (les PAZF)

[3] Article 3 de ladite convention de compte d'opérations.

[4] Avenant n° 1 du 20 septembre 2005 à la convention de 1973

parce qu'il prive les pays de la zone franc de leurs avoirs au profit de la France.

Force est d'ailleurs de constater que la France place toutes ces sommes comme le ferait un organisme de placement normal et ce placement lui rapporte des intérêts. Des sommes qu'elle prête aux pays africains qui en font la demande à un taux plus élevé et supérieur à celui de l'organisme de placement. Exemple 12.000 milliards de franc CFA placés au taux de 3 % à Wall Street rapportent 360 milliards de francs CFA d'intérêts à la France qui peut en retour, le prêter aux africains, en partie ou en totalité à un taux supérieur à 5 %.

Par ailleurs, en contre partie du respect rigoureux de ce principe de centralisation des réserves de change à Paris par les africains, le Trésor français s'engage à fournir toutes les sommes dont les banques centrales africaines peuvent avoir besoin, aussi bien pour leurs règlements à l'intérieur de la zone que pour leurs paiements extérieurs en devises. [1]

Derrière ce langage juridique codé et bien enjolivé de « fournir » se cache une réalité : le fait que c'est la France qui imprime le CFA qui circule dans les pays de la zone franc et qui se rémunère amplement pour cette opération qui dure depuis la création du CFA. Exemple : « pour les africains demeurés dans le giron français, les dépôts de la BCEAO au Trésor Public français, seraient estimés à plus de 8 000 milliards de franc CFA. C'est-à-dire que pour chaque CFA fabriqué en France (Chamalières en Auvergne, près de Clermont-Ferrand, Puy de dôme), la France demande en garantie pour assurer sa convertibilité 10 francs CFA. » [2] Tout cet ensemble d'enrichissement unilatéral au profit d'un seul contractant la France, créé un profond déséquilibre de l'économie du contrat.

---

[1] Institut technique de Banque (ITB) « la Zone franc » 3° édit. p. 15.

[2] Yacouba Fassassi, op. cit. p. 101

Un des principes directeurs du contrat de coopération, la libre convertibilité, facilite l'évasion monétaire au profit de la France que ce soit du fait des entreprises françaises installées dans les pays de la zone franc ou du fait des africains eux-mêmes. En tout cas, ces deux principes essentiels du contrat de coopération déséquilibrent gravement l'économie du contrat au détriment des pays africains de la zone franc. Avec le principe de fixité du principe fondateur qui n'a pas été respecté par la France avec la dévaluation du franc CFA, ce sont les entreprises françaises installées dans les pays de la zone franc qui sont bénéficiaires et les pays de la zone franc les grands perdants ne pouvant pas exporter de produits manufacturés vers la France.

a-2 L'extériorité ou la non imputation du bouleversement à la partie qui l'invoque

Les pays de la zone franc subissent ce déséquilibre contractuel qui n'est pas de leur fait, bien au contraire. Ce sont les principes directeurs présentés comme des avantages par leur créateur, initiateur et contractant qui sont la cause de ce déséquilibre. Les avantages sont transformés en inconvénients pour les pays africains et en bénéfices pour la France, déséquilibrant ainsi l'économie du contrat de coopération.

a-3 Une modification de la situation générale des données pour une renégociation du contrat

Depuis la signature du contrat de coopération entre la France et les pays de la zone franc, l'environnement général de l'économie du contrat a évolué, favorablement pour la France et nettement moins pour les pays de la zone franc. La mondialisation est intervenue depuis et a largement impacté non seulement l'économie du contrat mais aussi et surtout l'économie générale des acteurs économiques. A ce changement il convient de rajouter la crise économique qui est venue fragiliser l'économie mondiale, la vie des entreprises et surtout aggraver la situation des économies faibles et fragiles comme l'économie des pays de la zone franc plus que celles des économies des pays développés qui ont mieux résisté. Cette modification de la situation générale des données rend inéluctable une réadaptation du contrat de coopération.

Si le contexte de crise économique fait que le hardship devient incontournable dans les contrats à long terme, son application effective s'avère parfois moins aisée à cause de la réunion d'éléments constitutifs d'une situation de hardship pour un éventuel rééquilibrage du contrat. Précisément la clause de hardship doit reposer sur un événement objectif et impératif, que ce soit pour l'une ou l'autre des parties au moment de la formation du contrat.[1] Ainsi il arrive quelquefois nonobstant une clause de hardship parfaitement rédigée que les sentences arbitrales rejettent in fine les demandes pour insuffisance de preuve d'extériorité pour la partie victime.

Dans une sentence de la chambre arbitrale maritime de Paris, un contrat de transport de minerais est signé pour environ 8 cargaisons par an pendant 5 ans par navires de gros tonnage. Pendant cette période, les taux de frets et de surestaries pratiqués sur le marché des frets avaient évolué à la hausse pour atteindre la 4° année des niveaux cinq fois supérieurs aux taux contractuels, le prix des combustibles ayant de son côté subi une augmentation de même ampleur. L'armateur avait estimé légitime de demander l'application de la clause de hardship. Les arbitres ont jugé « sur l'éventuelle situation de hardship que les parties étaient des professionnels avertis des contrats maritimes et qu'ils avaient nécessairement pesé les risques avant de contracter. En signant un contrat de 5 années, l'armateur devait prendre en compte les possibles augmentations de ses coûts d'exploitation et des frais de port. De telles augmentations mêmes importantes ne sont pas constitutives de hardship… de même un éventuel rééquilibrage du contrat ne pouvait être recherché par comparaison avec les taux pratiqués sur le marché des frets puisque le but du contrat était précisément d'échapper

---

[1] L. Archambault, op. cit.

aux aléas du marché. Ils ont en conséquence décidé que les éléments constitutifs d'une situation de hardship n'étaient pas réunis et ont rejeté la totalité de la demande. »[1]

Cette sentence arbitrale qui préconise un événement objectif et impératif au moment de la formation du contrat et qui rejette la demande à lui soumise pour insuffisance de preuve d'extériorité pour la victime est ce qu'il faut surtout redouter pour l'application de la clause de hardship au contrat de coopération. Heureusement avec le contrat de coopération entre la France et les pays de la zone franc, le problème de preuve ne se pose pas vraiment et ne risque pas de se poser car nous sommes dans le champ d'application d'un contrat à long terme à exécution successive qui dure depuis cinquante (50) ans et qui continue, par opposition au cas d'espèce où le contrat s'étend sur un laps de temps bien précis de cinq ans.

Les événements qui sont intervenus et qui ont affecté l'économie du contrat sont extérieurs à la partie victime, ici les pays de la zone franc. La mondialisation intervenue dans les années 1980 contre laquelle ils ne pouvaient pas prévoir les conséquences au moment de la conclusion du contrat. Il y a aussi et surtout la crise économique qui a durement affecté l'économie du contrat de coopération surtout pour les pays de la zone franc. Même si la France a pu s'en sortir comme la plupart des pays développés.

Force est de reconnaître que le franc CFA est une monnaie qui n'a cours que dans les pays africains de la zone franc, la France n'apportant que sa coopération dans le mécanisme de fonctionnement. La situation des pays de la zone franc s'est aggravée et a même empiré, à preuve la dévaluation opérée unilatéralement par la France. Une particularité de cette monnaie : celui qui ne subit pas les effets de la crise prend la

---

[1] Chambre Arbitrale maritime de Paris 6 oct. 2012

décision qui en est la conséquence. Ainsi non seulement ces pays ont subi la crise économique qui n'est pas de leur fait mais se sont vus appliquer la dévaluation du franc.

Trois événements extérieurs aux pays de la zone franc : la mondialisation, la crise économique sévère, la dévaluation unilatérale imposée par la France, sont des éléments de preuve suffisante et des conditions d'application de la clause de hardship.

b- La négociation sur l'objet du réajustement

Une fois constatés et vérifiés le changement et le déséquilibre, condition d'application de la clause de hardship, la phase la plus difficile et la plus délicate commence : l'accord des parties pour adapter le contrat à la situation nouvelle « de façon à replacer les parties dans une position d'équilibre comparable à celle qui existait au moment de la conclusion de la présente convention. »[1] Il s'agit en fait d'apporter des aménagements qui satisfassent les parties concernées, sur une base juste et équitable. C'est le cœur du problème avec toutes les incertitudes et les difficultés liées à la négociation.

Pour ce qui est de la procédure préliminaire, les clauses du hardship prévoient en général que la partie qui estime réunies les conditions de la réadaptation doit aviser son cocontractant de la survenance d'événement à l'origine du changement allégué ainsi que de l'étendue de la rigueur subie et des moyens proposés pour y remédier. L'autre partie doit alors faire connaître sa position dans un bref délai. De sa réponse dépend la tenue de la négociation. Elle peut réagir de plusieurs manières. La solution la plus simple est d'accepter la proposition. Elle peut solliciter une rencontre pour un débat. Elle peut aussi refuser de se

[1] M. Trochu, op. cit.

concerter avec l'autre partie, soit de manière formelle, soit en s'abstenant de répondre à son avis.

Cet éventail de réponses à la notification est une des premières difficultés qui marquent cette première démarche. De toutes les réponses possibles, le refus de rencontrer l'autre partie présente le plus de risque pour l'opération car cela signifierait l'abandon du contrat, le problème de déséquilibre ne pouvant être résolu. Toujours est-il que l'intérêt et la bonne foi font que les rencontres ont souvent lieu.

Et si on appliquait le principe qui sous-tend l'intérêt et la bonne foi à l'exécution du contrat de coopération pour que les rencontres entre la France et les pays de la zone franc en vue de la renégociation de ce contrat aient lieu. C'est toute la difficulté vu le caractère un peu particulier de ce contrat international et surtout de l'omnipotence d'un côté et de la faiblesse des pays de la zone franc dans le rapport contractuel de l'autre. Question : comment un pays aux intérêts considérables, (commercial, économique, stratégique, géopolitique), à qui le contrat de coopération monétaire rapporte des sommes considérables avec tout ce que nous venons de voir (compte d'opérations, placements financiers de sommes importantes avec des intérêts conséquents, impression des billets de franc CFA fortement rémunérée) peut-il être de bonne foi et accepter la rencontre en vue d'une renégociation du contrat qu'il a piloté, mis en place, un contrat sur mesure et qui lui rapporte gros.

Peut-on être au tant intéressé comme elle l'est la France et de bonne foi en même temps ?

C'est justement l'occasion de revenir sur ces deux notions que sont l'intérêt et la bonne foi que tout semble opposer dans l'absolu, et qui se trouvent conjugués dans les contrats internationaux comme régulateur des intérêts individuels.

Comme déjà souligné, dans l'absolu en effet, tout sépare l'intérêt et la bonne foi : recherche d'un avantage pour l'un, comportement de loyauté pour l'autre. Tenter de les rapprocher semble périlleux, tant les questions sont nombreuses : comment des comportements qui font appel à des considérations d'ordre moral de loyauté et à une considération d'ordre économique souvent guidée et sous tendue par le profit et le gain peuvent-ils aller de pair ? la recherche première d'un avantage quel qu'il soit est-il compatible avec un comportement moral ? peut-on être à la fois intéressé et de bonne foi ? l'un des comportements ne risque-t-il pas de tuer l'autre ou de l'anéantir ? l'intérêt et la bonne foi ne sont-ils pas en définitive antinomiques ?

Au-delà de cette apparente opposition, les deux notions se trouvent parfois conjuguées, comme c'est le cas dans le monde des affaires à travers notamment les négociations internationales dites « contrat de négociation. » En effet en dépit des enjeux financiers et l'omniprésence du gain ou du profit, l'obligation de négocier de bonne foi y est un devoir et une pratique bien établis. Ce devoir et cette pratique vont-ils être respectés pour le contrat de coopération monétaire qui de surcroît enregistre des forts déséquilibres et des difficultés pour les parties africaines de l'opération. C'est moins sûr et c'est toute la difficulté et le risque de cette opération de renégociation.

Quoi qu'il en soit, nonobstant la difficulté, la négociation s'impose et est tout à fait justifiée, voire souhaitée et même possible parce qu'elle est prévue par la pratique du droit international des contrats en dépit de l'omnipotence et des énormes intérêts de la France. Le devoir et la pratique propres au droit international des contrats doivent être respectés. Les pays africains de la zone franc vont-ils enfin saisir cette opportunité ? C'est toute la question et en même temps la difficulté, tellement l'emprise et la mainmise de la France sur ce contrat et sur son exécution sont fortes.

Une chose est pourtant sûre : le droit est aussi fait pour protéger le faible, même en matière économique des affaires internationales, même s'il n'en a pas toujours conscience face aux puissances financières et à l'omnipotence comme ici celles de la France, avec le contrat de coopération monétaire avec les pays africains de la zone franc. Et d'ailleurs, l'emblème qui représente le droit et la justice n'est-il pas justement la balance ?

Eu égard à l'état d'avancement de l'opération, au temps écoulé, aux intérêts propres de chacun des contractants, et surtout à l'interdépendance qui unit les différents contrats du montage, la négociation est souvent difficile. Toutefois, comme l'objet sur lequel porte la discussion est connu, tout le problème reste celui de trouver un réajustement qui ne lèse personne ou, à défaut de convenir à tout le monde, satisfasse une majorité pour la continuation de l'opération.

Si le hardship prévoit l'accord des parties pour adapter le contrat à la situation nouvelle, ce recours systématique à l'accord des parties peut engendrer une multiplication des négociations et partant des accords à conclure à la moindre alerte sérieuse. Cette multiplication des négociations pour trouver des accords constitue un risque sérieux plus particulièrement pour les parties aux gros contrats de longue durée qui se voient dans l'obligation de résoudre chaque fois des problèmes liés aux bouleversements économiques sous conditions d'accord des parties.

Par ailleurs, le principe veut que ce soient les parties elles-mêmes qui négocient les modifications, mais la réalisation de la modification reste difficile eu égard aux énormes intérêts en jeu. Car c'est « un remodelage » du contrat qu'il va falloir opérer, retravailler certains aspects techniques comme ici pour le contrat de coopération monétaire, l'omniprésence de la France jusque dans les conseils d'administration des banques centrales africaines avec une minorité de blocage : en tenant compte de tous les problèmes périphériques que cela risque de générer, revoir un certain nombre de modalités directement liées au contrat concerné, pour aboutir à une modification harmonieuse qui tienne compte des changements et des problèmes que cela peut faire naître, tout ceci s'inscrivant dans l'ensemble contractuel.

Le bon équilibre est souvent difficile à trouver quand ce sont les parties elles-mêmes qui ont en charge la négociation de la modification. On peut souvent se trouver devant des situations de blocage générées par la difficulté de la tâche à trouver un compromis, si bien que souvent les parties font appel à la compétence d'un tiers pour mener l'opération de modification du contrat par une disposition formelle qu'elles ont pris soin d'insérer dans la clause par précaution, anticipant ainsi le risque d'un blocage ou d'une impasse dans leurs négociations. Le fait que la décision soit donnée par un tiers choisi par les parties lui permet de s'imposer plus facilement et plus rapidement à elles et à lui donner la force obligatoire du contrat, *« pacta sunt servanda »* qu'un acte juridictionnel qui peut toujours faire l'objet de contestation et surtout d'appel en tout genre, ce qui va encore rallonger les délais, accroître les retards et créer des mécontents. Les différentes sentences arbitrales et notamment celles de la chambre arbitrale maritime de Paris en sont un exemple.[1]

Outre le problème lié à la négociation, se pose aussi celui du devenir du contrat pendant la période de négociation. Est-il suspendu du fait du bouleversement de l'équilibre contractuel ou continue-t-il de s'exécuter normalement ?

---

[1] J. Yves Thomas, Chambre Arbitrale Maritime de Paris 6 oct. 2012

3- Le sort du contrat pendant la négociation

La question est délicate à cause du sort du contrat initial et donc des stipulations contractuelles antérieures. Il convient de rappeler que le hardship a été dûment constaté et que les parties sont en pleine négociation. Que devient donc le contrat au cours de la période s'écoulant de l'avis de la constatation du hardship jusqu'à l'issue de la négociation ? A cette question s'ajoute une autre qui est son prolongement : les parties se trouvent-elles toujours engagées dans les liens contractuels ou non ? Plus précisément, que deviennent les liens contractuels pendant les négociations ? Sont-ils suspendus, rompus ou demeurent-ils en vigueur pour les besoins de la cause ? Des points d'interrogation qui constituent autant de problèmes à résoudre, synonymes de risque pour l'opération.

Normalement, un déséquilibre ou un bouleversement de l'équilibre économique du contrat, bouleverse par essence le contrat, c'est à dire qu'il peut rompre non seulement l'équilibre et donc les liens du contrat mais surtout le sort du contrat et son existence même, dans le pire des cas. C'est une des conséquences négatives du bouleversement. Car en fait, il est difficilement concevable que le contrat puisse survivre au bouleversement de ce qui fait son fondement et sa raison d'être, à savoir l'équilibre économique, à moins qu'il n'y ait de fortes compensations financières, des dommages intérêts, voire un nouveau repreneur dans certains cas, mais serait-ce toujours le même contrat ? Tout cela ne garantit en rien le maintien des liens du contrat existant, tout n'est que propositions, solutions de rechange sans réelle continuité avec ce qui a déjà été conclu. La réponse à cette délicate question ne peut pas être uniforme. Elle s'inscrit dans une dialectique propre au droit et à la pratique internationale.

4- Le silence de la pratique internationale

La question du sort des liens contractuels pendant les négociations n'a pas reçu de réponse uniforme comme c'est souvent le cas face à un problème aussi préoccupant. Il faut bien admettre que le droit commun qui ne fait que réglementer le long terme avec quelques articles, ne peut logiquement pas apporter de réponse à une hypothèse qu'il n'a pas prévue et qui sort du cercle restreint de ses articles comme l'a été l'introduction des clauses de négociation pour faire face et résoudre le problème du long terme. Ainsi revient-il à la pratique internationale qui préconise la clause de renégociation comme le hardship d'apporter une réponse appropriée. Paradoxalement elle n'en donne pas, si bien que c'est en procédant par déduction ou par interprétation téléologique[1] que l'on arrive à élucider le problème et à le résoudre.

« La survenance du hardship crée pour les parties une obligation de renégocier en vue d'une réadaptation du contrat. » La question du sort du contrat et des liens contractuels au cours de la période allant de l'avis de la constatation du hardship à l'issue de la négociation n'est pas prévue par les clauses, tout au plus ces dernières enferment la négociation dans un délai assez bref de trois mois. Toutefois en procédant par déduction ou par interprétation téléologique, on peut évoquer, voire prendre en compte la question du maintien ou non du sort du contrat et des liens contractuels pendant la période de négociation « ... sauf volonté contraire des parties clairement exprimée, on doit admettre que le contrat continue à développer ses effets au cours de cette période. On peut trouver un argument en faveur de cette solution dans le fait que les différentes clauses prévoient qu'à défaut d'accord sur la réadaptation, les parties (ou seulement

---

[1] Qui se rapporte à la science des fins, à la connaissance des finalités ; se dit de l'interprétation qui prend pour principe qu'une règle doit être appliquée de manière à remplir ses fins et interprétée à la lumière de ses finalités, principe d'interprétation extensive G. Cornu op. cit. p. 1016

celui qui a invoqué le hardship) ont le droit selon certaines modalités, de mettre fin au contrat et de s'en dégager. On doit donc en conclure que tant que cette faculté n'a pas été exercée, le contrat demeure en vigueur et s'impose toujours aux parties ; à fortiori produit-il toujours ses effets lors de la période séparant la survenance du changement de la réalisation de l'adaptation. »[1] Ainsi pendant la négociation le contrat de coopération produit toujours ses effets.

---

[1] B. Oppetit, *L'adaptation des contrats internationaux aux changements de circonstances : la clause de hardship*, Clunet 1974, p 807

Chapitre II - L'application de la règle du rebus sic stantibus au contrat de coopération monétaire

A l'ère de la mondialisation, faire appel aux expressions, adages et règles latines peut surprendre de prime abord, mais c'est une langue qui a défié le temps dans beaucoup de domaines de la pensée (droit, médecine, botanique etc.) et c'est surtout parce qu'elle est basée sur un système normatif de portée transnationale. « Les expressions latines, mots, locutions, adages représentent un outil de communication sans équivalent grâce auquel les notions et les règles du droit sont exprimées avec élégance, simplicité et concision. »[1] C'est tout l'intérêt de la démarche avec cette règle.

Un contrat de coopération monétaire entre la France et les pays de la zone franc a été signé il y a bientôt cinquante ans (50). Une convention à exécution étalée, un contrat successif.
Outre les effets classiques du temps et du long terme qui sont le lot de ces types de contrats, plusieurs événements sont venus bouleverser l'économie du contrat de coopération monétaire.

La mondialisation qui a rendu nombre de pratiques internationales obsolètes et mis à mal les principes fondateurs du contrat de coopération, la crise économique qui a entraîné une dévaluation unilatérale du franc CFA par la France, créant ainsi une mutation monétaire qui a été fort préjudiciable aux pays de la zone franc.
Il y a aussi les principes fondateurs de ce contrat de coopération, quatre au total, qui font la part belle à un contractant, la France avec des prérogatives exorbitantes qu'ils lui octroient à tous les niveaux, à tous les stades, dans toutes les procédures. On trouve particulièrement la centralisation des réserves dans le compte d'opérations géré par la France avec tous les bénéfices qu'elle en tire (placements de sommes importantes avec d'énormes intérêts, et des prêts aux pays africains à des taux de plus en plus élevés qui ne sont pas explicitement prévus dans le contrat)

---

[1] H. Roland, *Lexique juridique des expressions latines,* 9° édit. Lexis Nexis 2016

A ce principe il convient d'ajouter que c'est la France qui a le monopole de l'impression du franc CFA et qui se rémunère unilatéralement pour cette opération. Avec le temps et le long terme, le niveau, (la hauteur) des sommes déposées par les banques centrales sur le compte d'opérations a considérablement augmenté. Les besoins en billets des pays de la zone franc ont aussi augmenté, entraînant un bénéfice conséquent et des gains de plus en plus importants pour la France.

Les revenus que tire la France de ce contrat de coopération n'ont pas cessé de croître de manière exponentielle et vertigineuse avec le temps depuis cinquante ans, date de la signature officielle du contrat, voire plus en amont depuis la création de CFA il y a soixante-dix-huit ans ; comparativement à ceux des pays de la zone franc qui ne voient guère leur situation économique s'améliorer avec les supposés avantages liés à ces mêmes principes fondateurs du contrat de coopération en dépit de leur entière contribution aux réserves de change dans le compte d'opérations. Ce qui crée inéluctablement un profond déséquilibre entre les deux contractants, ceux qui contribuent entièrement et s'appauvrissent de plus en plus et celui qui, du fait ou à l'occasion du contrat de coopération, gère, place, spécule en bourse, s'entremet et surtout s'enrichit toujours d'avantage.

La question de fond que nous nous posons, les juristes ont l'habitude de dire, le problème de droit que soulève l'exécution de ce contrat de coopération monétaire est le suivant : doit-on continuer d'évoluer sur cette base, c'est-à-dire laisser les choses en l'état et appliquer la règle du *pacta sunt servanda* (les conventions doivent être respectées.)[1] Adage de très grande portée, forgé par les canonistes, proclamant la force obligatoire du contrat avec sous-entendu deux corollaires : l'immutabilité de la convention qui doit s'exécuter telle que prévue et qui ne peut être révoquée que d'un commun accord ; la parité des parties placées sur un pied d'égalité et assujetties aux mêmes

[1] Décrétales de Grégoire IX, I 35,1

normes. Dans son principe, le respect de la parole donnée est si fort que sa violation déclenche en certaines occasions, une répression pénale sous l'incrimination d'abus de confiance ou de filouterie. [1]
Il faut bien reconnaître que c'est la règle du *pacta sunt servanda* qui a régi jusqu'ici le contrat de coopération depuis cinquante ans, date de la signature du contrat de coopération et bien avant avec le contrat d'adhésion et maintenu en l'état par la volonté de l'initiateur et contractant principal la France, eu égard à son emprise sur l'exécution du contrat de coopération, (alors que normalement les parties sont censées être placées sur un pied d'égalité et assujetties aux mêmes normes selon cette règle). Sans toutefois occulter le fait que le maintien de ce statu quo du contrat a été facilité et conforté par la passivité et l'accord tacite des pays africains de la zone franc. Des pays qui subissent volontiers le bouleversement de l'économie du contrat sans réagir.

Face au bouleversement, face au déséquilibre, face à l'enrichissement sans cesse croissant de la France et surtout face à l'appauvrissement des pays de la zone franc, ne devrait-on pas plutôt appliquer d'une manière générale la règle du *rebus sic stantibus* et celle du *tale reddendum quale darum* au cas de la dévaluation ?

Une règle du *rebus sic stantibus* bien connue en droit que l'on retrouve surtout à l'occasion des effets du temps et du long terme comme ici avec le contrat de coopération monétaire, une convention à exécution étalée, un contrat à exécution successive qui dure depuis cinquante ans, et partant l'application d'une règle parfaitement adaptée à la situation, le *rebus sic stantibus* comme il nous sera donné de le voir.

Un contrat est passé *rebus sic stantibus* : les choses étant ce qu'elles sont en fonction des circonstances présentes. Que dire si les circonstances se modifient comme avec le contrat de

---

[1] H. Roland, *Lexique juridique des expressions latines, nouvelle édition* Lexis Nexis 2016 p. 267

coopération monétaire, et rendent plus lourde l'obligation du débiteur ? le contrat est-il révoqué parce que « toutes choses ne sont plus égales » ? En supposant une convention à exécution étalée, un contrat successif dont les conditions ont été fixées eu égard au cours de la monnaie (le franc CFA en l'occurrence) et la valeur des choses au moment de la convention. Est-il possible au contractant dont la charge est devenue plus onéreuse à raison d'événements extérieurs (mondialisation, crise économique sévère, inflation ...) de provoquer la révision de ladite convention pour obtenir l'ajustement nécessaire et le retour à l'équilibre des prestations. Telle est la question de fond qui se pose. Toujours est-il qu'au préalable, la règle doit être définie et ses origines connues.

Concernant les origines, historiquement cette règle trouve ses origines dans le droit romain et le droit canon.
Le droit romain du Bas Empire reconnaissait entre autres à raison de l'instabilité économique de l'époque, le *jus paenitendi*, droit de se retirer d'une convention sans encourir de responsabilité pour inobservation des obligations dans le contrat de bail (C. J. 4, 65,36).
Le droit canonique reçut pour sa part l'imprévision économique en réputant sous-entendue au contrat, la clause *si facile est* tendant à dispenser le débiteur de l'exécution devenue trop onéreuse. On lit par ailleurs au décret de Gracien (Dist XIV, c.2 : *sicut quedam sunt que nulla ratione convelli possunt ita multa sunt que pro necessitate temporum ... operteat,* si certaines situations ne doivent être ébranlées pour aucune raison, il y en a beaucoup d'autres qu'il convient de modérer à raison des contraintes du temps.) [1]
Sous l'ancien régime, les post glossateurs défendaient la thèse de la clause du *rebus sic stantibus,* les choses demeurent en l'état. Le contrat est passé *rebus sic stantibus,* les choses étant ce qu'elles sont en fonction des circonstances présentes. Selon cette thèse, les parties auraient tacitement subordonné l'exécution au maintien des circonstances existant le jour de la formation du contrat.

---

[1] H. Roland, L. Boyer, *Adage du droit français,* 3° édit. Litec 1992 p. 776

De ces origines, une définition a été tirée avec des variables sémantiques mais sur une base commune.

Définition. Les choses demeurent en l'état vise la clause expresse ou sous entendue, faisant référence à la situation contemporaine de l'accord de volontés pour justifier en cas de bouleversement des données initiales, la possibilité de réviser les termes de la convention... La partie peut demander une renégociation du contrat ; en cas de refus ou d'échec de la renégociation, les contractants de concert peuvent solliciter du juge l'adoption de leur contrat et à défaut lui demander qu'il soit mis fin aux conditions et à la date qu'il indique. [1]

.

Les choses restent en l'état, les choses étant ou demeurant ainsi, utilisé pour désigner la référence à la situation (économique, monétaire etc.) qui existait au moment de la conclusion d'un accord de longue durée, dans la question de savoir si le maintien de cette situation a été considéré (expressément ou implicitement) comme la condition du maintien de cet accord de telle sorte que l'altération grave de cet état des choses justifierait la caducité ou l'adaptation de l'accord originaire.[2]

« Le contrat apparaît comme un moyen donné aux parties d'exercer une certaine emprise sur l'avenir, de prévoir le surgissement de l'impossible ou même de simple changement de volonté, instrument de prévisibilité au service de la sécurité. » [3]

La deuxième règle applicable : *Tale reddendum quole datum,* on doit rendre tel qu'on a reçu. Lorsque dans un contrat à exécution successive surviennent de manière imprévue des fluctuations économiques ou financières qui bouleversent l'économie du contrat ou en rendent l'exécution très onéreuse, voire ruineuse pour l'une des parties, est-il permis d'en provoquer l'annulation

[1] H. Roland, *Lexique juridique des expressions latines* 3° édit ; Lexis Nexis 2016 p. 323

[2] G. Cornu, *vocabulaire juridique,* Puf. 2016 p. 855

[3] C. Thiberge-Guelfucci *Libre propos sur la transformation du droit des contrats* Rev. Trim. Dr. Civil 1997 p. 361

ou du moins de redresser les termes de l'échange pour revenir à l'équilibre des prestations ?

L'adage *tale reddendum quale datum*, forgé à l'occasion des mutations monétaires de l'ancienne France, répond par l'affirmative, considérant qu'une monnaie dévaluée n'est plus la même monnaie, que le débiteur doit rendre en qualité ce qu'il a reçu, non une chose détériorée, les parties ne s'étant engagées que sous la condition sous entendue de la stabilité de la situation économique et monétaire d'origine.

En droit positif français, cet adage a longtemps été rejeté. Pour la Cour de cassation, il n'appartient pas aux tribunaux de prendre en considération le temps et les circonstances pour modifier les conventions des parties et substituer des clauses nouvelles à celles librement acceptées par les contractants. Mais ce refus de principe de la révision pour imprévision était corrigé quelque peu par l'appel à l'obligation de bonne foi d'où l'on tirait la nécessité de rééquilibrer le contrat et surtout par l'insertion de clauses d'échelle mobile prévoyant l'indexation des prix.

Avec la réforme du droit des obligations, on a abandonné une conception inflexible de l'intangibilité des contrats. On admet la possibilité de revenir sur l'engagement initial lorsque l'état de fait en contemplation duquel il a été souscrit est radicalement modifié, soit que le coût de l'exécution de l'obligation ait substantiellement augmenté, soit que la valeur de la contre prestation ait été très amoindrie. [1]

Avant de passer à l'application des règles *rebus sic stantibus* (les choses demeurent en l'état) et *tale reddendum quale datum,* (on doit rendre ce qu'on a reçu) à proprement parlé, (B) il convient de rappeler la situation ou plus exactement l'économie du contrat de coopération au début de son exécution puis cinquante ans plus tard pour mieux appréhender l'effet du temps et du long terme qui sous-tend les conditions de la règle. (A)

---

[1]op. cit. p. 365

A – L'effet du temps et du long terme sur le contrat de coopération

Le temps et le long terme ont toujours posé et continuent de poser problème dans l'exécution des contrats du même nom eu égard aux bouleversements de l'équilibre contractuel qui peuvent naître de leur fait sur le plan technologique ou commercial et monétaire comme ici avec le contrat de coopération monétaire des pays de la zone franc et plus généralement de l'économie du contrat, cinquante ans après la signature du contrat entre la France et les pays de la zone franc. Le phénomène de la durée sur les contrats constitue une préoccupation majeure pour les cocontractants en générale et une inquiétude particulière pour le contractant qui le subit directement comme les pays de la zone franc.

1 - L'économie du contrat de coopération et le long terme

a- L'économie du contrat de coopération au début de son exécution

Comme déjà rappelé ci-dessus, nous sommes face à la situation d'un groupe de pays, anciennes colonies françaises à qui le colonisateur a imposé sa monnaie, le franc des colonies françaises d'Afrique, CFA en 1945. Après l'octroi de l'indépendance politique, ces pays ont tout de même gardé ladite monnaie coloniale. Longtemps après en 1973, ils ont signé un contrat de coopération avec l'ancienne puissance colonisatrice, propriétaire et initiatrice de cette monnaie pour mener à bien leur politique monétaire, indispensable à leur développement économique et social sur la base de quatre principes fondateurs : la centralisation des réserves dans le compte d'opérations, le libre transfert, la libre convertibilité, la fixité des parités.

Ces pays nouvellement indépendants depuis douze ans ont d'immenses besoins et particulièrement une infrastructure économique à construire par le biais d'un des piliers de l'économie, la monnaie, par la mise en œuvre d'une politique monétaire avec ce contrat de coopération censé les accompagner et les aider dans ce sens. Tous leurs espoirs de développement économique et social sont mis dans ce projet avec la mise en place des principes fondateurs et les nombreux avantages qui y sont attachés aux dires de leurs initiateurs.

Les revenus de ces pays se limitent à des ressources minières, énergétiques et agricoles avec une industrie extractive embryonnaire héritée de l'époque coloniale.
Sans aller jusqu'à parler de situation économique florissante, on pourrait dire que pour les besoins du moment, la situation économique des pays de la zone franc ne connaît pas de graves difficultés dans son exécution malgré le fait que 100 % de leurs revenus soient détenus au Trésor public français dans un compte d'opérations et gérés par la France, en vertu d'un principe fondateur du contrat de coopération : la centralisation des réserves dans les comptes d'opérations. Ces pays ont une population qui n'est pas très importante, ce qui laisse leurs besoins dans des proportions encore raisonnables. Qu'en est-il cinquante ans plus tard ?

b - L'économie du contrat de coopération cinquante ans après sa signature

Cinquante ans après la signature du contrat de coopération entre la France et les pays de la zone franc, qu'en est-il de l'économie de ce contrat ?
Beaucoup de choses peuvent normalement se passer durant une telle période et cela a été effectivement le cas comme il nous sera donné de le voir. Ce qui a bouleversé l'économie du contrat de coopération, mis à mal et anéanti le projet de développement économique et social pour lequel le contrat de coopération a été signé. Ce bouleversement trouve sa cause dans des événements internes et externes aux contractants qui peuvent être analysés de manière intrinsèque et extrinsèque.

D'une manière intrinsèque : la population des pays de la zone franc a été multipliée par trois voire plus en cinquante ans, elle est aujourd'hui estimée à 155 millions d'habitants, créant ainsi de nouveaux besoins, des obligations et des charges nouvelles pour les États en question.
Ces États auront-ils les ressources financières nécessaires pour faire face et relever ce défi avec ce contrat de coopération monétaire ? C'est toute la question, la problématique.

Pour ce qui est des ressources, pièce maîtresse du projet, elles se sont accrues en cinquante ans depuis la signature du contrat. Toujours est-il que ces ressources financières ne sont pas gérées par les pays de la zone franc. Elles sont détenues au Trésor public français sur un compte d'opérations et c'est la France qui gère toutes ces ressources. Avec le temps et le long terme, ces ressources se sont accrues. Elles ont même connu un bond vertigineux en cinquante ans, la source d'approvisionnement ayant augmenté.

Pour l'occasion, la France s'est trouvée à gérer des fonds importants. Les États de la zone franc étant tenus de verser 100 % de leurs avoirs sur le compte d'opérations, même si une baisse a été amorcée à 60 % puis à 35% par la suite. Ce qui reste encore considérable, voire beaucoup trop. C'est bien la France qui détient et gère seule toute la manne financière en vertu d'un des principes fondateurs du contrat de coopération.
Un principe qui se révèle au final dépassé et anachronique au bout de cinquante ans par l'effet du temps et du long terme au regard de la nouvelle donne, des circonstances présentes. Des circonstances qui se sont totalement modifiées et qui ont rendu plus lourdes les obligations, les charges des pays de la zone franc.

Nous avons là le premier déséquilibre de l'économie du contrat de coopération du fait du temps et du long terme. Des pays avec de plus en plus de rentrées de devises à l'occasion de la vente des matières premières minières, énergétiques, agricoles et ne pouvant pas disposer à volonté, comme ils le souhaitent des fonds provenant de ces dernières, malgré le fait que leurs besoins se soient accrus et aient été multipliés de manière significative. Il y a là un déséquilibre de l'économie du contrat du fait du temps et du long terme.

Plus préoccupant encore (deuxième déséquilibre) est le fait que la France à l'occasion de ce principe se retrouve à gérer des fonds importants qu'elle place comme le ferait un organisme de placement normal. Ce qui lui rapporte des intérêts considérables qu'elle prête ensuite aux pays africains de la zone franc qui lui en font la demande à un taux plus important que celui qui a rapporté des intérêts. Exemple 12 000 milliards de francs CFA placés au taux de 2 % à Wall Street rapportent 360 milliards de francs CFA d'intérêts à la France qui peut en retour les prêter aux africains en partie ou en totalité à un taux supérieur à 5 %. Les pays africains de la zone franc se voient ainsi prêter les intérêts de leur propre argent.

En plus de cette opération de placement qui rapporte doublement des intérêts conséquents à la France, elle détient le monopole de l'impression des billets du CFA. Une impression de billets qu'elle facture unilatéralement à sa convenance.
Avec des rentrées de devises de plus en plus importantes, une demande des pays de la zone franc en billets CFA de plus en plus importante aussi, augmentation de la population et partant des besoins avec le temps, la France fait à l'occasion, des bénéfices plus que substantiels avec cette facturation unilatérale. « Pour les africains demeurés dans le giron français, les dépôts de la BCEAO au Trésor public français seraient estimés à plus de 8 000 milliards de francs CFA. C'est-à-dire que pour chaque franc CFA fabriqué en France (Chamalières en Auvergne, près de Clermont- Ferrand, Puy de Dôme) la France demande en garantie pour assurer sa convertibilité 10 francs CFA. » [1]

Par l'effet du temps et du long terme, il y a une altération de l'économie du contrat. Une contribution exponentielle au compte d'opérations des pays de la zone franc des sommes importantes détenues au Trésor public français et gérées par la

[1] Y. Fassassi op. cit. p 101.

France et à côté des besoins fondamentaux non satisfaits pour les pays de la zone franc (une absence de l'épargne publique, conséquence d'une épargne forcée destinée à renflouer de façon prioritaire le compte d'opérations, un manque de financement industriel et d'investissement) d'une part, et un enrichissement de plus en plus important de la France d'autre part. L'altération grave de cet état des choses pour les pays de la zone franc crée un bouleversement de l'économie du contrat de coopération originaire et un profond déséquilibre entre les contractants. Ce qui appelle l'adaptation de l'accord originaire, l'adaptation du contrat de coopération originaire pour un équilibre général et une égalité des contractants, les circonstances s'étant modifiées et ayant rendu plus lourdes l'obligation du débiteur, un des contractants, les pays de la zone franc.

2 - Les événements extérieurs aux parties

D'une manière extrinsèque, des événements extérieurs aux parties, comme la mondialisation et la crise économique sont venues bouleverser l'économie du contrat.

a- La mondialisation

.

La mondialisation remet gravement en cause tous les avantages sur lesquels sont fondés les principes fondateurs et les annihilent presque, bouleversant ainsi l'économie du contrat de coopération surtout pour les pays de la zone franc. Comme déjà souligné, avec la mondialisation, le monde est devenu un village planétaire où tout est proche et où tout va très vite. Les frontières physiques ont quasiment disparu, les acteurs économiques, les transactions financières circulent librement et à grande vitesse. Parler de convertibilité d'une monnaie comme un avantage des IDE relève d'un anachronisme loin des réalités économiques actuelles.

Les exemples des pays à monnaies non convertibles qui ont une économie et un développement certains le prouvent : la Chine, l'Inde, en Afrique les pays du Maghreb, le Nigeria etc.
Par ailleurs l'essor spectaculaire du volume des transactions sur les divers marchés financiers, caractérisé par la prédominance de la dimension financière accentue les inconvénients de ce principe fondateur.

Ainsi du fait de cette liberté de convertibilité, le transfert des fonds déjà accentué se fait encore plus rapidement, plus vite de l'Afrique vers l'Europe et particulièrement vers la France. Ce qui est présenté comme un avantage et sous-tend un des principes fondateurs du contrat de coopération se trouve en définitive être un inconvénient majeur à tous points de vue. Ce qui était vrai et constituait l'un des socles du contrat de coopération il y a cinquante ans ne l'est plus aujourd'hui du fait du temps et du long terme. Avec l'événement de la mondialisation surtout comme ici dans le domaine monétaire, un des principes fondateurs qui sous-tend le contrat de coopération ayant perdu tout crédit du fait d'un élément extérieur aux parties, la mondialisation, la renégociation du contrat sur de nouveaux principes s'impose.

b - La crise économique

Deuxième événement extérieur aux parties, la crise économique qui a durement frappé l'économie mondiale. Les pays développés l'ont surmonté. Pour les pays du tiers monde, les conséquences ont été dramatiques. Les pays de la zone franc dont l'économie n'est pas très florissante ont subi de plein fouet la crise économique.
Concernant nommément l'économie du contrat de coopération, une dévaluation unilatérale, conséquence de cette crise économique lui a été imposée par la France en dépit de la fixité des parités monétaires proclamée par un des principes fondateurs du contrat de coopération. [1]

---

[1] Selon l'article 11 de la convention de coopération monétaire entre les États membres de la BEAC et la France, « la parité entre le franc CFA et le franc

Concrètement comme déjà rappelé, la fixité veut dire que le franc CFA est et sera toujours lié au franc français (et à l'euro depuis le 1°Janvier 1999, après la disparition du franc français). Toujours est-il qu'en janvier 1994 il y eut la dévaluation du franc CFA, donc le taux de change au lieu de 1 franc français = 50 francs CFA, est devenu 1 franc français = 100 francs CFA.

Par-delà la violation flagrante d'un des principes fondateurs (en référence aux articles ci-dessus évoqués) par le contractant principal la France, c'est surtout le bouleversement de l'économie du contrat pour les pays de la zone franc qui est à relever.
Nous sommes en présence de pays dont l'économie est une économie de rente [1] basée exclusivement sur l'exportation de matières premières et qui n'exportent pas de produits manufacturés. La dévaluation du franc CFA les pénalise lourdement au profit de la France qui est le principal partenaire commercial, l'importateur des matières premières et l'exportateur quasi exclusif de produits manufacturés dans ces pays. C'est en définitive l'un des contractants, la France qui est le grand bénéficiaire de cette dévaluation du fait de ses relations commerciales privilégiées quasi exclusives avec les pays de la zone franc.

---

français est fixe, le même principe s'énonce dans l'article 2 de la l'accord de coopération entre la France et les membres de l'UMOA de la manière suivante : les transactions entre le franc français et la monnaie de l'union s'effectueront à un cours fixé sur la base de la parité en vigueur ». L'accord de coopération entre la France et la république fédérale islamique des Comores est basé sur les mêmes quatre principes régissant la coopération africaine.

[1] L'économie de rente caractérise un État dont l'essentiel des revenus provient de rentes financières externes, recettes fournies par l'exportation de produits primaires ou apport de devises par d'autres canaux. Ce mode économique ne garantit pas de productivité à long terme et n'apporte guère de valeur ajoutée ; il correspond plus à une utilisation des richesses qu'à une création de richesses. Lorsque toute l'économie d'un pays repose sur ce mode de fonctionnement, on parle « d'État rentier ». Ph. Dugot, J.M. Henriet, G. Loison, R. Pourteir, G. Mutin, *Géopolitique de l'Afrique, et du Moyen –Orient,* édit. Nathan 2012 p. 16.

Un événement extérieur aux parties (la crise économique) longtemps après la signature du contrat de coopération (vingt-deux ans plus exactement) vient aggraver la situation économique d'un des contractants, les pays de la zone franc et vient rompre l'égalité. Les conséquences de ce bouleversement continuent encore eu égard à la nature de l'économie des dits pays. Du fait de l'aggravation de l'économie du contrat, le contractant, ici les pays de la zone franc peuvent demander la renégociation du contrat et l'application de la règle *rebus sic stantibus*.

3- La dévaluation du franc CFA et l'application du tale reddendum quale datum

La crise économique qui a durement frappé l'économie des pays de la zone franc a eu entre autres pour conséquences de précipiter la dévaluation du franc CFA en 1994. Une dévaluation unilatérale imposée par la France en dépit du principe fondateur de la fixité des parités monétaires. Cette dévaluation a eu pour effet le bouleversement d'une partie importante de l'économie du contrat de coopération pour les pays de la zone franc.
Une dévaluation du franc CFA par la France qui appelle par ailleurs et d'une manière spécifique l'application de la règle *tale reddendum quale datum,* (on doit rendre ce qu'on a reçu).

Comme annoncé ci-dessus, cette règle pose la question de fond. Lorsque dans un contrat à exécution successive surviennent de manière imprévue, (comme ici avec la dévaluation surprise et inattendue du franc CFA) des fluctuations économiques ou financières qui bouleversent l'économie du contrat ou en rendent l'exécution très onéreuse voire ruineuse pour l'une des parties, est-il permis d'en provoquer l'annulation ou du moins de redresser les termes de l'échange pour revenir à l'équité des prestations ?

Les circonstances qui ont généré cet adage, ont une similitude avec le problème soulevé par le contrat de coopération et permettent non seulement de répondre à la question posée mais surtout de comprendre sa portée et son intérêt.

L'adage *tale reddemdum quale datum*, forgé à l'occasion des mutations monétaires de l'ancienne France, répond par l'affirmative, considérant qu'une monnaie dévaluée n'est plus la même monnaie, que le débiteur doit rendre en qualité ce qu'il a reçu, non une chose détériorée, les parties ne s'étant engagées que sous la condition sous tendue de la stabilité de la situation économique et monétaire d'origine.[1]

Les mots parlent d'eux-mêmes :
« Une monnaie dévaluée n'est plus la même monnaie. »
« Les parties ne s'étant engagées que sous la condition sous entendue de stabilité de la situation économique et monétaire d'origine. »
« Le débiteur doit rendre en qualité ce qu'il a reçu non la chose détériorée. »
La condition d'origine sous laquelle les parties s'étant (se sont) engagées ayant (ont) changé, du fait de cette dévaluation unilatérale imposée par la France, la monnaie CFA d'avant et d'après dévaluation n'étant plus la même monnaie, les parties ne s'étant engagées que sous la condition sous tendue de stabilité de la situation économique et monétaire d'origine, on doit non seulement revenir à l'équité des prestations, appliquant ainsi la règle du *rebus sic stantibus*, mais surtout on doit rendre en qualité ce qui a été reçu, non la chose détériorée, par-delà le fait même que la mise en œuvre de cette dévaluation viole l'égalité des contractants et le principe fondateur du contrat de coopération.

[1] H. Roland, l*exique juridique des expressions latines,* édit. Lexis Nexis 2016 p. 365

a- La violation de l'égalité des contractants et d'un principe fondateur du contrat de coopération

La genèse de la situation nous apprend que la dévaluation a été une décision de la France. Elle a été prise à Paris avec le soutien du FMI avant que les États de la zone franc n'en soient officiellement informés et mis devant le fait accompli par le ministre de la coopération.
En effet, c'est à Dakar le 11 février 1994 à l'occasion d'une réunion des chefs d'État des PAZF[1] comme déjà décrit ci-dessus en présence du ministre français de la coopération, des directeurs généraux du FMI et de la banque mondiale que la décision a été officialisée. Cette dévaluation intervient pour la première fois depuis cinquante ans d'existence du franc CFA.

Par-delà l'aspect technique de la question et donc des causes profondes qui ont sous tendu cette dévaluation, entre autres et principalement un déficit commercial qui rendait inéluctable la diminution de la valeur de la monnaie et entraînait la dévaluation, force est de constater qu'il y a du point de vue du droit et de prime abord, une violation manifeste du principe d'égalité des contractants dans le traitement et la gestion de cette dévaluation (au regard des principes régissant le contrat qui est à la base un accord de volontés), ensuite une violation d'un des principes fondateurs du contrat de coopération, le principe de fixité des parités.

La réaction d'un des chefs d'État des pays de la zone franc confirme cette violation du principe d'égalité des contractants : « la force prime souvent sur le droit. Je n'étais pas le seul à formuler cette mise en garde, mais la France en a décidé autrement. Les voix des africains n'ont pas compté pour grand-chose dans cette affaire » disait le président togolais Etienne Gnassigbé Eyadéma.

[1] Convoqués officiellement pour régler le problème de mauvaise gestion de la Compagnie Air Afrique, en vue de contourner les rumeurs pesantes de dévaluation du franc CFA qui couraient depuis plusieurs mois.

Cette double violation par la France est non seulement la traduction concrète de la véritable place des quinze pays de la zone franc dans le contrat de coopération, (qui est en réalité un contrat d'adhésion), mais surtout la traduction et le reflet de l'abandon par ces pays de la *summa potestas*, la souveraineté monétaire. Comment pouvait-il en être autrement ? et c'est bien la conséquence logique de ce choix de politique monétaire.
Il convient toutefois de rappeler que par-delà ce choix de politique monétaire et du point de vue du droit que les conventions légalement formées tiennent lieu de loi à ceux qui les ont faites et doivent être respectées comme la règle de droit en dépit de la qualité du cocontractant et de l'objet du contrat.

En 2007 dans la crainte d'une nouvelle dévaluation, le président gabonais Omar Bongo Ondimba prévenait, cette fois-ci la leçon de la dévaluation unilatérale ayant été retenue, « Il faut être clair. Si par malheur une autre dévaluation du CFA devait intervenir, je ferai tout pour que l'Afrique centrale et l'Afrique de l'ouest abandonnent le franc CFA et créent leur propre monnaie. » Une mise en garde à peine voilée qui renvoie en échos aux conséquences désastreuses de cette dévaluation que les pays ne souhaiteraient plus revivre.

b- Les conséquences de la dévaluation

La dévaluation du franc CFA a eu des conséquences désastreuses au plan social sur des populations déjà en proie à la pauvreté.
Un préalable : Quand vous avez une économie structurellement dépendante du reste du monde, c'est-à-dire quand la plupart des produits consommés sont importés parce que vous ne produisez pas suffisamment et que vous dépendez exclusivement de l'extérieur avec l'importation des biens, lorsque les biens arrivent chez vous et que votre monnaie est faible, ces biens vont coûter beaucoup plus cher par rapport à la monnaie nationale.

Le taux de change ayant doublé (1 franc français = 50 francs CFA puis 1 franc français = 100 francs CFA) automatiquement

tous les produits vont voir leur taux doubler. Les économistes disent « si vous avez un circuit de consommation extraverti, c'est-à-dire qui dépend de l'extérieur, les prix vont doubler. »
Si les prix augmentent et que les revenus n'augmentent pas, le pouvoir d'achat baisse. La baisse du pouvoir d'achat est synonyme en terme social d'une précarisation de la situation des individus et des difficultés économiques relativement importantes. C'est ce qu'ont justement connu les pays de la zone franc.

Concrètement la dévaluation de 1994 a fait baisser de moitié la part des salaires dans les budgets nationaux, tout en attendant de la réduire encore plus en bloquant les avancements et les indices de la fonction publique et en ne renouvelant pas certains postes de retraités. Les salaires de la fonction publique ont été ainsi sacrifiés et ceux du privé bloqués.[1]

c- Redresser les termes de l'échange et revenir à l'équité des prestations

La dévaluation du franc CFA a eu des conséquences dramatiques sur les populations déjà pauvres dans des pays qui dépendent exclusivement de l'extérieur au niveau des biens de consommation.
Les fluctuations économiques et monétaires ont bouleversé l'économie du contrat de coopération et rendu son exécution très onéreuse et ruineuse pour les pays de la zone franc, comme en témoigne cette situation de réduction du pouvoir d'achat des salariés qui a été désastreuse avec pour conséquence un endettement massif des pays de la zone franc qui se sont retrouvés pour la plupart dans la catégorie des PPTE (pays pauvres très endettés) ce qui a entraîné une politique drastique de la gestion des finances publiques.

Au regard de la règle *tale reddendum quale datum,* à défaut d'annuler le contrat, il faudrait au moins redresser les termes de

---

[1] N. Michel Kalife. *Sortir l'Afrique de la servitude monétaire (La genèse du franc CFA)* édit. La Dispute p. 100

l'échange pour revenir à l'équité des prestations à commencer par assumer les conséquences du choix originaire hasardeux d'un régime de change fixe - stabilité (par rapport à un régime de change flexible où la monnaie fluctue au gré de l'offre et de la demande sur les marchés internationaux), pour des pays sous-développés avec une économie embryonnaire fragile de type colonial et dépendant fortement de l'extérieur (pays économiquement extravertis), et partant d'une dévaluation certes prévisible (nonobstant le dogme de stabilité ainsi prôné) mais qui doit se faire autant que faire se peut dans la règle de l'art, c'est-à-dire de manière concertée et raisonnable.
Sans oublier que cette dévaluation profite à la France, principal partenaire commercial des quinze pays de la zone franc et unique destinataire des matières premières, qui devrait si on applique la règle dans toute sa rigueur, rendre ce qu'elle a reçu à l'occasion de cette dévaluation. En sus d'une renégociation du contrat de coopération en vertu de la règle *rebus sic stantibus* du fait du temps et du long terme.

L'exécution très onéreuse voire ruineuse pour l'une des parties au contrat, les pays de la zone franc étant avérée (appartenance désormais au PPTE, pays pauvres très endettés), ceux-ci sont en droit de réclamer à l'autre partie au contrat, la France qui s'est enrichie du fait de sa position de monopole à l'occasion de cette dévaluation du franc CFA, de leur rendre ce qu'elle leur doit. Faisant pour ce faire nôtre cet adage juridique que nul n'est au-dessus des lois et plus encore *dura lex sed lex* (la loi est dure mais c'est la loi). [1]

Et si le rapport de force en présence rend difficile voire quasi impossible l'application rigoureuse de cette règle, celle du *rebus sic stantibus,* eu égard à l'effet du temps et du long terme, doit quant à elle s'imposer parce qu'elle scie parfaitement à la situation et répond plus globalement au problème posé. Les

---

[1] La règle de droit se présente comme une disposition générale et impersonnelle, ayant vocation à régir sans distinction un nombre indéfini d'hypothèses H. Roland, L. Boyer, *Adages du droit français,* édt. Litec 1992 p.190

choses étant ce qu'elles sont en fonction des circonstances présentes.
Selon cette règle les parties auraient tacitement subordonné l'exécution du contrat au maintien des circonstances existant le jour de la formation du contrat. Référence à la situation économique, monétaire etc. qui existait au moment de la conclusion d'un accord de longue durée. Les circonstances ayant changé, la règle du *rebus sic stantibus* doit s'appliquer.

Une règle pour laquelle nous militons concernant cette question et dont nous appelons l'application de tous nos vœux et toutes nos forces. Une règle qui doit d'ailleurs s'appliquer du point de vue du droit international des contrats d'une manière générale (l'article 62 de la convention de Vienne sur le droit des traités y fait d'ailleurs référence) à ce contrat international de coopération monétaire entre la France et les pays de la zone franc (en cas de problème) et qui nonobstant son caractère un peu particulier, la qualité des contractants, reste d'abord et avant tout un accord de volontés entre personnes morales de droit international sous l'effet du temps et du long terme.

B - L'adaptation du contrat de coopération en ses principes essentiels

Entre deux alternatives pour apporter une solution et résoudre le problème, la caducité ou l'adaptation de l'accord originaire, nous optons pour l'adaptation eu égard à la complexité de la situation et à la nature du contrat plutôt que pour la caducité.

La complexité de la situation. Quinze pays de la zone franc, anciennes colonies françaises et le poids énorme de la France, ancienne puissance colonisatrice qui a créé et imposé le franc CFA et qui jouit encore d'énormes prérogatives exorbitantes avec ce contrat de coopération monétaire comme les attributs qui lui confèrent le *fructus.*[1] Une condition qui ne semble pas exister pour les pays africains de la zone franc. En réalité, c'est seulement la France qui tire véritablement bénéfice du franc CFA à travers les comptes d'opérations ouverts au Trésor public français. Et c'est normal car c'est la France qui a créé sa « chose » et sait pour quel but elle l'a créé. [2]

Un autre attribut, *l'abusus*, mot latin signifiant littéralement « utilisation jusqu'à épuisement » « consommation complète » le droit pour le propriétaire d'en disposer par tous les actes matériels et juridiques de transformation, de consommation, de destruction, d'aliénation ou d'abandon. [3] Pour illustrer l'importance liée à cet attribut de propriété, il convient de rappeler que la dévaluation de 50 % du franc CFA en janvier 1994 a été entreprise sans consultation préalable des « supposés propriétaires » de franc CFA.[4]

Une présence dans tous les rouages stratégiques et mécanismes des Banques Centrales des pays de la zone franc (BCEAO, BEAC, BCC) notamment dans les conseils d'administration avec un droit de regard, un contrôle, une omniprésence avec par exemple cette minorité de blocage dans tous les organes décisionnels.

Quinze pays de la zone franc répartis en trois zones inégalement dotées en ressources et qui parleront difficilement d'une seule et même voix face à la France concernant non seulement la caducité mais aussi et surtout, l'intérêt, le bien fondé, l'opportunité de cette caducité si d'aventure le problème de l'altération grave de la situation était soulevé et leur était soumis. Encore faudrait-il qu'ils prennent en compte et considèrent

---

[1] Terme latin signifiant « droit de percevoir les fruits d'une chose » « fruit de cette chose » encore utilisé dans la trilogie des attributs du droit de propriété usus, fructus, abusus. G. Cornu, *Vocabulaire juridique*, édit. puf 2016 p. 481

[2] F. Fassassi op. cit. p. 42

[3] G. Cornu, op. cit. p. 9

[4] Y. Fassassi op. cit. p.42

comme fondée l'altération grave de la situation. Ce qui est loin d'être le cas.

Il y a aussi un enjeu géostratégique, géopolitique, avec l'omniprésence et l'omnipotence de la France dans tous les débats sur cette question monétaire, voire plus politique. Et comme la politique et le droit ne font pas toujours bon ménage surtout en Afrique, l'option de la caducité s'avère difficile, voire impossible.

La nature du contrat. Un contrat de long terme à exécution successive qui dure depuis cinquante ans et qui n'a jamais été renégocié sur le fond en dépit des inégalités et des prérogatives exorbitantes qui le caractérisent sur fond de caractère de contrat d'adhésion qui ne dit pas son nom. Les quelques aménagements intervenus ayant toujours été le fait de la France, poussée plus par la crainte d'apparaître comme l'unique et grand bénéficiaire de ce contrat de coopération monétaire ou le propriétaire de cette monnaie qu'elle a créée, qui est sa chose, et qui sait pour quel but elle l'a créé et partant le maître et le colonisateur toujours présent, que par un sentiment de bonne foi, d'égalité des parties au contrat ou d'équilibre contractuel.

L'adaptation du contrat. Les conditions du *rebus sic stantibus* étant réunies, nous proposons l'adaptation du contrat de coopération pour le sortir des ornières de l'anachronisme.
Le contrat de coopération sur la base de ses principes fondateurs ne peut pas évoluer à contre temps, c'est-à-dire ce qui appartient à une autre époque que celle où l'on vit. Nous sommes à l'ère de la mondialisation. Les avantages qui sous-tendent ces principes fondateurs sont devenus obsolètes avec le temps et le long terme. Comme déjà rappelé, si le fondement même du contrat est devenu obsolète, cette obsolescence rend les principes fondateurs et leurs avantages supposés sans fondement valable, sans objet, voire superfétatoire et surtout comme manœuvres dilatoires [1] dans l'hypothèse de leur

[1] Par extension, dans un sens péjoratif, se dit de tout comportement habile mais non toujours illicite en soi qui tend à retarder le cours de la justice ou

maintien en l'état. Ce qui appelle une renégociation du contrat de coopération pour l'adapter aux circonstances nouvelles.

Cette renégociation qui est justifiée et qui s'impose juridiquement ne s'avère pas facile. Elle est même difficile et compliquée eu égard aux intérêts en jeu que nous avons déjà évoqués à l'occasion de la caducité et qui sont aussi valables pour la renégociation du fait que le contrat de coopération n'a jamais été renégocié sur le fond depuis cinquante ans et est demeuré en l'état sur ses bases d'origine par-delà le temps et le long terme et toutes les conséquences ci-dessus évoquées.

A défaut d'une renégociation de tout le contrat de coopération en ses quatre principes fondateurs, (qui semble compliqué eu égard aux difficultés liées aux intérêts en jeu), nous proposons à minima une renégociation des deux principes fondateurs essentiels que sont la centralisation des réserves de change dans un compte d'opérations et la libre convertibilité.

Le premier principe, la centralisation des réserves de change retient notre attention pour plusieurs raisons non seulement fondamentales et stratégiques entre autres le montant des sommes déposées au Trésor public français et toutes les conséquences qui leur sont attachées et que nous avons évoquées ci-dessus, mais aussi pour donner leur raison d'être pleine et entière aux Banques Centrales des pays de la zone franc qui ont entre autres pour mission de détenir et de gérer en principe ces sommes. (1)

Le deuxième principe, la libre convertibilité fait l'objet de notre choix pour en finir du même coup avec ce principe en trompe l'œil et ses supposés avantages visant à attirer les IDE à l'instar des pays à monnaie non convertible. (2)

---

l'aboutissement d'une opération en soulevant des incidents en général mal fondés et en exploitant tous les moyens de gagner du temps G. Cornu, *vocabulaire juridique* 11° édit. Puf. 2016 p. 348

1 - L'adaptation du principe fondateur de la centralisation des réserves

Comme nous avons eu à le souligner, les pays de la zone franc sont tenus de mettre en commun leurs avoirs extérieurs dans un fonds de réserves de change.
La convention entre la France et l'Afrique de la zone franc stipule que : « Les États membres conviennent de mettre en commun leurs avoirs extérieurs dans un fonds de réserves de change. Ces réserves feront l'objet d'un dépôt auprès du Trésor français, dans un compte dénommé : compte d'opérations. » [1]
Et « la banque versera au compte d'opérations les disponibilités qu'elle pourra se constituer en dehors de sa zone d'émission. » [2]

Jusqu'en 1973, les banques centrales africaines étaient tenues de verser sur ce compte la totalité des avoirs extérieurs qu'elles détenaient. La convention de 1973 qui se veut plus souple, contraint les PAZF à déposer au Trésor français 65% au moins de leurs réserves de change. La convention les autorise à détenir au maximum 35 % de leurs avoirs extérieurs pour répondre à leurs besoins de trésorerie et honorer leurs engagements auprès du FMI et de la BRI (Banque des règlements internationaux). [3]
Depuis le 20 septembre 2005, ce taux est égal à 50 % pour la BCEAO et à 60 % pour la BEAC dont la quotité se réduit à celle de son homologue de l'Afrique de l'Ouest dès le premier juillet 2009. Le taux de 65 % est inchangé pour le BCC des Îles Comores.

Sans aller jusqu'à reprendre le fonctionnement et le mécanisme de ce principe fondateur déjà évoqué dans les pages précédentes, nous soulignerons quelques aspects évocateurs qui justifient la renégociation, notamment le paradoxe de ce compte

[1] Article 11 de la convention de coopération monétaire entre la France et les États membres de la BEAC 13 mars 1973

[2] Article 2 de la convention des comptes d'opérations entre la France et les pays africains de la zone franc (les PAZF)

[3] Article 3 de ladite convention de compte d'opérations.

d'opérations qui accumule des sommes importantes, rapporte des intérêts à la France et en face des pays contributeurs en grande difficulté économique et par ricochet le problème de la place des banques centrales des pays de la zone franc.

a - Le paradoxe des réserves de changes excessives

Avant d'aborder le problème des réserves de change, nous ne pouvons pas ne pas commencer par nous interroger sur les deux notions qui sous-tendent les réserves de change, la monnaie (notion déjà soulignée et que nous reprenons pour l'occasion) et la banque centrale.
Le concept de monnaie fait l'objet de nombreuses définitions que l'on peut rassembler en deux catégories : l'approche fonctionnelle et l'approche de la monnaie comme rapport social.

L'approche fonctionnelle, où la monnaie remplit trois fonctions principales : la fonction d'intermédiaire des échanges, d'unité de compte, et celle de réserve de valeur. Avec la fonction d'intermédiaire des échanges, la monnaie permet de fractionner l'échange en deux temps (bien contre monnaie, puis monnaie contre bien). Elle est acceptée par tous les membres d'un groupe en échange de tous les autres produits. La fonction d'unité de compte. Tous les prix sont exprimés sous la forme d'une quantité de monnaie. La fonction de réserve des valeurs. La monnaie peut être conservée avant d'être échangée contre un autre produit (sans perte de valeur dans l'hypothèse d'une inflation nulle.)

L'approche de la monnaie comme rapport social : certains économistes (M. Aglietta, A. Orléan) considèrent que la monnaie est une institution fondatrice de la société marchande qui permet d'exorciser la violence ; d'autres économistes (F. Poulon, A. Parguez, B. Schmitt) d'inspiration keynésienne appréhendent la monnaie comme une monnaie de crédit qui est selon eux, à l'origine de la production. La décision bancaire d'accorder un crédit à une entreprise qui démarre le circuit keynésien. Si la plupart des économistes libéraux adoptent la définition fonctionnelle, certains (tels F. Hayek, L. von Mises ou J. Rueff) accordent à la monnaie un rôle social, ce qui les conduit à rejeter la dichotomie et la théorie quantitative de la monnaie.[1]

Quant à la banque centrale, elle est une institution financière de premier rang au sein d'un système bancaire hiérarchisé. Ses fonctions principales sont l'émission de la monnaie fiduciaire, la régulation et le contrôle des banques de second rang, le rôle de prêteur en dernier ressort.
Une banque centrale exerce en règle générale les fonctions suivantes :

- monopole d'émission de la monnaie fiduciaire ;
- contrôle de la création de la monnaie scripturale par les banques de second rang, notamment par l'intermédiaire du refinancement bancaire ;
- gestion de la valeur internationale de la monnaie, notamment par sa politique du taux d'intérêt et par ses interventions sur le marché de changes ;
- participation au contrôle de la gestion des institutions financières ;
- définition et / ou mise en œuvre de la politique monétaire ;
- fonction de « banque des banques » dans la mesure où les règlements entre banques de second rang s'effectuent par l'intermédiaire des comptes ouverts dans les livres de la banque centrale. [2]

Les réserves de change sont l'ensemble des moyens de paiement internationaux (or, devises) détenus et gérés par les banques centrales pour garantir la valeur internationale de leur monnaie, financer les échanges extérieurs de celles-ci et permettre d'éventuelles interventions sur le marché de changes. Le montant de ces réserves de change est affecté par l'ensemble des échanges d'un pays avec le reste du monde qui donne lieu à

---

[1] A. Beitone, A. Cazorla, Ch. Dollo, A. M. Drai, *Dictionnaire de science économique,* 3° édit. Armand Colin 2010 p. 311

[2] Op cit. p 10

un flux monétaire (biens et services, investissements, transferts de revenus, transferts courants). Si les flux monétaires qui rentrent dans un pays sont supérieurs à ceux qui sortent, les réserves de change augmentent. Dans le cas inverse, elles diminuent.

L'examen des bilans de la BCEAO révèle « qu'au 31 décembre 2004, le montant déposé sur le compte d'opérations s'élève à 3449,4 milliards de francs CFA contre 2636,946 milliards de francs CFA au 31 décembre 2001.
Selon un rapport de la zone franc, la BEAC (Banque Centrale des États de l'Afrique Centrale) et la BCEAO (Banque Centrale des États de l'Afrique de l'ouest), les deux banques centrales de la zone franc disposaient en 2005 de plus de 3600 milliards de franc CFA (environ 72 milliards d'euros) auprès du trésor français.
(En 2014 la BEAC et la BCEAO disposaient d'un dépôt respectivement de 3706 et de 5605 milliards de franc CFA (environ 14 milliards d'euros auprès du trésor public français).
Commentant ces chiffres certains spécialistes ont parlé de réserves de change excessive pour ces pays de la zone franc.

Comme souvent, tout fonctionne de manière un peu particulière dans l'économie de ces pays à l'image de la zone franc, un espace unique au monde. Sinon comment expliquer que des pays déficitaires à des niveaux économiques vitaux puissent avoir un tel excédent de réserves de changes : déficit des financements, des infrastructures, de la balance commerciale,[1] de la balance des paiements.[2] Que font-ils avec toute cette masse monétaire brandie comme des trophées (comme d'ailleurs les chiffres de la croissance) à quoi peut bien servir cette masse monétaire et pourquoi une telle masse monétaire. Une réserve de change arithmétique, théorique, stérile, voire

[1] Compte statistique qui retrace les échanges de marchandises, biens matériels entre un pays et le reste du monde c'est-à-dire les exportations et les importations. J. Y. Capul, *Dictionnaire économique*, Hatier 2005 p.7

[2] Compte statistique qui retrace l'ensemble des relations économiques (commerciales, financières et monétaires) effectuées durant une année entre un pays et l'extérieur op. cit. p. 10.

fictive pour certains spécialistes de la question, au vu des immenses besoins de ces pays non satisfaits et une réserve de change usufruitière dont la nue-propriété appartient, à la France pour d'autres spécialistes.

Et d'ailleurs, une chose qui démontre si besoin est, le caractère fictif des réserves de change de ces pays. Pour se garantir, la France est habilitée à stocker et à gérer au Trésor public français pour les pays de la zone franc 100 % des devises provenant de leurs exportations jusqu'en 1973 puis 65 % jusqu'en 2005 et 50 % pour finir.

Il y a quelque chose de paradoxal : des réserves de change excessives et des pays en déficit chronique d'infrastructure et de structure de développement : comme l'éducation nationale, un domaine avec un taux d'analphabétisme qui progresse ou reste stationnaire, contrairement aux autres pays du monde ; la santé publique avec un manque criant d'infrastructure hospitalière et pour les hôpitaux ou centres de santé existant, il manque des médicaments essentiels ; la recherche et le développement, des domaines dans lesquels les instituts et les centres de recherche ne sont pas financés et ne sont même pas la priorité de ces États, malgré leurs immenses ressources pour la plupart ; les transports publics urbains : avec les mégapoles qui se multiplient mais où les transports urbains laissent à désirer etc.

S'il ne s'agissait pas de la vie de millions de personnes, (estimées aujourd'hui à 155 millions de personnes) on parlerait volontiers et de manière anecdotique d'une attitude, voire d'une situation qui pourrait s'apparenter à de l'avarice. Voilà des pays qui ont un besoin immense sur tous les plans, dans presque tous les domaines, qui ont un retard considérable au niveau du développement économique ou des infrastructures du développement et qui ont des réserves de devises dont ils ne se servent pas ou se servent à peine parce que c'est un tiers qui détient le portemonnaie ou la bourse en garantie d'une convertibilité des monnaies de la zone, et distille les sommes au compte goûte selon son bon vouloir et son appréciation de la situation. Une garantie somme toute particulière qui prive ces pays de moyens financiers considérables nécessaires à leur budget.

Car les statistiques financières internationales montrent que les comptes d'opérations ouverts au nom des banques centrales africaines ont été constamment créditeurs depuis leur création jusqu'en 1980 et après la dévaluation de 1994. Parce que « les coûts liés à la garantie de convertibilité des monnaies de la zone se sont avérés assez faibles du point de vue de la France. La discipline monétaire que les banques centrales de l'Union Monétaire Ouest africaine et de l'Afrique centrale (BCEAO, et BEAC) ont dû maintenir, les a conduites à disposer d'un solde excédentaire de leurs comptes d'opérations jusqu'à la décennie quatre-vingts. Au début de son existence, la zone franc a joué un rôle non négligeable de pourvoyeur de devises pour la France. [1]

Comment dans ces conditions peut-on encore parler de réserve de change digne de ce nom, en référence à la définition ci-dessus indiquée et surtout par rapport à la situation de ces pays, quand c'est la France qui détient le portemonnaie de ces quinze États ? On pourra certes parler des chiffres aussi flatteurs que ceux annoncés plus haut, mais l'arbitre demeure celui qui a la garde effective du portemonnaie. Un choix des pays de la zone franc que le temps et le long terme rendent anachroniques.

Le CFA outre le fait qu'il prive les quinze pays de la zone franc de pouvoir battre monnaie, puisque les billets sont imprimés à Chamalières, dans le Puy de Dôme en France, les prive aussi de la gestion et de la détention des réserves de change.
Sur le premier point par exemple : « les dépôts de la BCEAO au Trésor public français, seraient estimés à plus de 8 000 milliards de francs CFA. C'est-à-dire que pour chaque franc fabriqué en France (à Chamalières en Auvergne, près de Clermont Ferrand, Puy de Dôme), la France demande en garantie pour assurer sa

---

[1] Bruno Coquet, Jean Marc, *Quel avenir pour la zone franc après Maastricht, Observations et diagnostic économiques.* Revue de l'OFCE n° 41, 1992.

convertibilité 10 francs CFA… les planches à billets étant sous le contrôle de la Banque de France, aucun pays de l'UEMOA n'est en mesure de créer de la monnaie en faisant octroyer du crédit au secteur privé productif selon ses besoins. » [1]

Sur le deuxième point : la France détient le portemonnaie de quatorze États africains et un du pacifique. La quantité de monnaies délivrées à chacun des pays africains de la zone franc est contingentée et dans l'absolu la France peut à tout moment diminuer ou arrêter sa livraison en billets, comme elle peut prendre des décisions de dévaluer cette monnaie comme en 1994.

Le temps ne serait-il pas venu pour ces pays de mettre fin à cet anachronisme qui les prive d'énormes réserves de devises qu'ils pourraient placer à leur compte et récolter les intérêts de ces placements surtout que curieusement, c'est ce que fait la France à leur place mais pour son propre compte.

Au regard de ce principe du contrat de coopération, cinquante ans après sa signature, on est en droit de se demander pourquoi les pays concernés ne le dénoncent-ils pas ? ou ne demandent-ils pas une renégociation de ce principe fondateur sur de nouvelles bases au regard de l'économie du contrat et de la situation économique et financière des pays de la zone franc. Aurait-il un caractère emphytéotique[2] qui ne dit pas son nom ou serait-il soumis à une tacite reconduction du fait de la volonté des parties ? (Obligations légalement formées tiennent lieu de loi à ceux qui les ont faites). Seraient-ce les accords ainsi passés qui le prévoient ? ou une volonté délibérée de laisser les choses en l'état ? ou aussi simplement un manque de volonté politique ? A ces interrogations quelques éléments de réponse :

---

[1] Y. Fassassi, *Le franc CFA ou la monnaie des pays PMA*, édit. L'harmattan 2013 p. 101.

[2] Sorte de bail de longue durée (18 à 99 ans) qui confère au preneur un droit réel susceptible d'hypothèque.

Rien dans les accords passés ne le prévoit, si bien qu'on pourrait parler d'une tacite reconduction ou simplement d'un contrat de long terme à exécution successive.
Si c'est par une volonté délibérée que les choses ont été laissées en l'état, les pays concernés *in fine* sont perdants, au regard des effets de ce principe fondateur avec les réserves de change dont la détention et la gestion échoient à la France, cinquante ans après, avec tout le bénéfice qu'elle en tire en comparaison des intérêts qu'ils rapportent au niveau des placements et du prêt des intérêts aux pays africains.

Si c'est par un manque de volonté politique, la situation est alors plus que préoccupante voire grave puisqu'elle dénote par-delà ce manque de volonté politique, avec le temps et le long terme, une résignation, un fatalisme, une paresse intellectuelle, même pire encore, un choix délibéré de laisser les choses en l'état, c'est-à-dire de ne pas acquérir sa souveraineté monétaire pleine et entière, avec la détention et la gestion des réserves de change surtout que déjà ces pays ne battent pas monnaie alors que comme souligné plus haut, battre monnaie est un attribut de souveraineté, c'est même le premier acte d'un pays qui accède à l'indépendance. Y renoncer c'est aussi renoncer à sa souveraineté. Nous avons là, le deuxième acte de renoncement ou l'amplification de l'abandon de souveraineté monétaire.

Pour mettre fin à ce paradoxe des réserves de change excessives qui bouleverse l'économie du contrat originaire, rompt l'équilibre du contrat et l'égalité des contractants, les choses n'étant plus en l'état du fait du temps et du long terme, cinquante ans après, une renégociation de ce principe fondateur s'impose suivant le principe du *rebus sic stantibus*.
Une renégociation qui a aussi pour but de rendre aux banques centrales des pays de la zone franc leur pleine et entière souveraineté, leur liberté d'action, leur autonomie et leur raison d'être par-delà cette question de réserves de change.

b - La place et l'autonomie des Banques Centrales des pays de la zone franc

La dernière question que nous nous posons à l'occasion de ce principe fondateur concerne les banques centrales des 15 États de la zone franc. Pour savoir leur rôle d'une manière générale et plus spécifiquement par rapport à la réserve de change des pays de la zone franc.
Il y a trois banques centrales dans les pays de la zone franc :
La Banque Centrale des États de l'Afrique de l'Ouest (BCEAO) qui émet le franc CFA de la communauté financière Africaine. Elle regroupe les États de l'Union Économique et Monétaire Ouest africaine (l'UEMOA).
La Banque Centrale des États de l'Afrique centrale (BEAC) qui émet le franc de la coopération financière en Afrique centrale.

Il est à remarquer que depuis 1993 les billets émis par les deux Banques Centrales ne sont plus librement convertibles d'une communauté monétaire à l'autre : la différenciation entre les deux zones CFA au sein de la zone franc s'est encore renforcée. Encore un autre paradoxe de deux francs CFA qui ne sont pas convertibles sur lequel nous reviendrons à cette occasion.

La République Islamique des Comores après son accession en 1976, à l'indépendance à l'exception de Mayotte qui est demeurée française, a été dotée d'une banque centrale (BCC) émettant le franc comorien à parité initialement identique à celle du franc CFA (lors de la dévaluation de janvier 1994, le franc comorien a décroché du CFA en étant dévalué que de 33 %).

Selon les statuts, ces Banques Centrales ont pour missions : d'émettre de la monnaie et d'en garantir la stabilité, de définir et de conduire la politique monétaire applicable dans les pays membres, de conduire les opérations de change, de détenir et de gérer les réserves de change des pays membres, d'assister les États membres dans leurs relations avec les institutions financières et monétaires internationales.

Force est de constater que s'agissant nommément des réserves de change, leur détention et leur gestion sont dévolues et assurées par la France. Elle est le banquier des Banques Centrales africaines.
Ainsi, on est en droit de se demander comment dans un tel contexte les banques centrales des pays de la zone franc peuvent-elles encore jouer leur rôle de prêteur en dernier ressort pour financer l'investissement économique qui est le moteur de la croissance. Ne joueraient-elles pas un rôle secondaire de relais dans ce domaine particulier des réserves de change ?

Sans entrer dans la technicité des missions et attributs d'une banque centrale évoquée dans la définition, et précisément ici ce que prévoit le contrat de coopération dans les pages précédentes, eu égard au montant important des sommes détenues au Trésor public français au titre des réserves de change, que la France place comme le ferait un organisme de placement normal et récolte les intérêts pour son compte et qu'elle prête aux pays africains qui en font la demande à un taux plus important (élevé) que celui qui lui a rapporté les intérêts ; Nous posons une question simple et pratique : pourquoi les Banques Centrales des pays de la zone franc ne détiendraient-elles pas et ne géreraient- elles pas leurs réserves de change ? Pourquoi cette mission leur échapperait-elle ? ne seraient-elles pas capables de gérer de telles réserves de change ? pourquoi ces missions leur échappent-elles ? pourquoi surtout des missions directement frugifères leur échapperaient-elles ?
Un autre moyen de garantie ne pourrait-il pas être trouvé pour permettre ainsi à ces Banques Centrales de détenir et de gérer les réserves de change des quinze États de la zone franc, à moins que ce mode de garantie leur ait été imposé comme la plupart des composantes de cet accord de coopération.

Autant de questions pour lesquelles nous n'avons pas de réponse précise mais nous traitons volontiers et de manière subjective les effets, les conséquences de ce que pourrait rapporter les réserves de change si les Banques Centrales des quinze États de la zone franc en avaient la détention et la gérance effective. Une masse monétaire qu'elles placeraient pour recueillir les intérêts que de laisser la France le faire à leur place et garder les intérêts pour elle, alors qu'il s'agit du fruit du travail et des intérêts des pays de la zone franc.

La logique ou simplement le bon sens ne devrait-il pas prévaloir face à une telle injustice sur fond d'anachronisme et d'archaïsme. Rien qu'avec les intérêts des intérêts, ceux que la France récolte auprès des organismes financiers de placement et ceux qu'elle prête aux pays africains, ces Banques Centrales pourraient déjà financer une partie du déficit des pays de la zone franc.

2- L'adaptation du principe de la libre convertibilité

Après le principe de la centralisation des réserves dans le compte d'opérations au Trésor public français, nous proposons la renégociation puis l'adaptation d'un deuxième principe fondateur essentiel du contrat de coopération entre la France et les pays de la zone franc, le principe de la libre convertibilité du Franc CFA, simplement parce que les avantages avancés qui sous-tendent ce principe, du fait du temps et du long terme, conjugués et accentués par l'effet de la mondialisation, cinquante ans après la signature du contrat de coopération se sont avérés être plus des inconvénients au détriment exclusif des pays de la zone franc. Une situation qui dénature ce principe fondateur sur ses bases mêmes, le vide de sa substance, rompt l'égalité des contractants face aux effets du contrat, déséquilibre le contrat, rend inopérant l'objet particulier de ce volet du contrat de coopération.

Concrètement en vertu de ce principe fondateur du contrat de coopération entre la France et les pays de la zone franc, la convertibilité du franc CFA « avec le franc français est illimitée. »[1] Il l'est avec l'euro depuis la création effective en

---

[1] L'article 9 titre II p. 9 de la convention de coopération monétaire entre le Tchad, le Cameroun, Centrafrique, Congo et la France. Lire aussi l'article 1 de l'accord de coopération entre la France et les membres de l'Union

1999 de la devise européenne et la disparition du franc français au profit de l'euro. Selon ce principe, « la monnaie émise par les différents instituts d'émission de la zone franc est garantie sans limite par le Trésor public français. [1]

Cette garantie consiste tout simplement à convertir les francs CFA en euros moyennant réception de commission. Ce que ferait une maison de change ordinaire, à la différence qu'ici, les commissions sont fixées unilatéralement par une seule partie au contrat, et elles sont bien consistantes. Par ailleurs, les avantages supposés qui sous-tendent ce principe sont présentés comme un facteur attractif des IDE des pays de la zone franc. Dans la réalité des faits, avec le temps et le long terme, cinquante ans après la signature du contrat de coopération, les avantages supposés du principe se sont avérés être des inconvénients pour les pays de la zone franc.

Les énormes commissions de conversion payées à la France. Ayant pris l'engagement de convertir en euros tous les francs CFA qui lui sont présentés officiellement par les pays de la zone franc, la France est en situation de monopole. Sans oublier que cette opération de conversion génère des commissions.

En effet la coopération franco-africaine contient « la clause de garantie de change. » [2] Concrètement la France a pris l'engagement de restituer aux africains leurs capitaux sur la base d'un taux de change convenu tel qu'un euro est toujours égal à un dollar, par exemple afin d'éviter aux PAZF de supporter des pertes de change. Par conséquent, lorsqu'un euro vaut 1,5 dollar par exemple, la France s'approprie le différentiel de taux de change qui est ici 0,5 [3] dollar par unité d'euro converti en monnaie américaine. Supposons que les capitaux africains

---

Monétaire Ouest Africaine (UMOA) qui sont : Le Bénin, le Burkina Faso, le Niger, le Sénégal, le Mali, la Guinée Équatoriale et la Guinée Bissau

[1] Centre International de Formation de la profession Bancaire (CIFPB) Institut technique de Banque (ITB), la zone franc, 3° édition p. 15

[2] Banques des États de l'Afrique centrale, XX ème anniversaire 1972-1992, « la BEAC a 20 ans » p. 1

[3] 1,5 dollar – 1 dollar = 0,5 dollar

déposés en comptes d'opérations de Paris s'élèvent à 15 milliards d'euros. La France peut utiliser cette somme pour acheter en une seule journée 22,5 milliards de dollars.[1] Elle pourra alors soustraire de cette somme le capital dû aux africains (les 15 milliards) et gagner ainsi au cours de cette journée la différence estimée à 7,5 milliards de dollars[2] correspondant 3750 milliards de francs CFA.[3]

Ce gain financier réalisé par la France sur le dos des africains excède le double du budget de fonctionnement général de nombreux pays membres de la zone franc. Et tant que l'euro est plus fort que le dollar, la France peut renouveler sans cesse cette opération financière à son profit avec les capitaux africains stockés dans les comptes d'opérations.[4]

Par ailleurs la clause de garantie de change, qui autorise la France à se substituer aux traders et cambistes africains dans les opérations de spéculation boursière, ne favorise pas le développement des différents métiers de la finance internationale intégrant les nombreuses techniques de couverture contre les risques d'écart de conversion monétaire.
Le différentiel des transactions que récupère la France à cette occasion constitue une perte, un manque à gagner pour les pays de la zone franc qui ont du reste un besoin considérable de fonds. Et si les banques centrales des pays de la zone franc prenaient directement en charge cette mission de gestion ?

---

[1] 15 milliards d'euros *1,5 dollar = 22,5 milliards de dollars

[2] 22,5 milliards de dollars - 15 milliards d'euros = 7,5 milliards de dollars

[3] 7,5 milliards de dollars *500 = 3750 milliards de francs CFA

[4] N. Agbohou, Le franc CFA et l'euro contre l'Afrique, édit. Solidarité Mondiale p. 103 -104

Le contrôle des Banques Centrales par la France.
Au nom de la libre convertibilité des francs CFA en euros qu'elle assure et surtout de la garantie illimitée de cette conversion, la France est présente dans les conseils d'administration des trois banques centrales des pays de la zone franc.
Ces conseils sont les instances supérieures de décisions stratégiques et des organes de contrôle des banques centrales, exemple l'article 7 de la convention de coopération monétaire entre les États membres de la BEAC et la France, signée à Libreville (Gabon) le 13 mars 1973 « La Banque des États de l'Afrique centrale est un établissement multinational africain, à la gestion et au contrôle duquel participe la France en contre partie de la garantie qu'elle apporte à sa monnaie. »

La France exerce donc des pouvoirs de gestion et de contrôle par cette présence.
Si du fait du temps et du long terme et partant des supposés avantages de ce principe de libre convertibilité qui n'en sont plus et qu'il est dénoncé et renégocié et que le CFA devient une monnaie non convertible, comme bon nombre de monnaies en Afrique (les pays du Maghreb, le Nigeria en particulier) et dans le monde (la Chine, l'Inde), la présence de la France dans les conseils d'administration des banques centrales au nom de la garantie de ce principe n'aurait plus sa raison d'être, ne se justifierait plus et les Banques Centrales des pays de la zone franc retrouveraient une certaine indépendance, une autonomie certaine sans droit de regard ni de contrôle de la France dans les conseils d'administration. Un petit pas qui pourra progressivement en appeler d'autres.

Quant à la convertibilité comme facteur d'attractivité des IDE.
Le temps et le long terme conjugués et accentués par la mondialisation ont rendu les avantages supposés de ce principe anachroniques. Les exemples de monnaies non convertibles en Afrique et dans le monde qui attirent un nombre considérable d'IDE sont là pour le corroborer et le confirmer. Cet avantage est vidé de sa substance.

Paradoxalement comme souligné ci-dessus, les IDE de la France avec les pays comme le Nigeria, le Maroc, la Tunisie qui ont des monnaies non convertibles sont plus importants que ceux réalisés dans les pays de la zone franc. Et que dire des IDE en Chine, en Inde et les échanges commerciaux.

Si l'initiateur et contractant principal de ce principe fondateur ne le respecte pas et le viole sans cesse dans ses relations économiques internationales et commerciales, rendant ce supposé avantage sans objet, superfétatoire, ne devrait-on pas le renégocier ou l'adapter ? cela va sans dire juridiquement, l'avantage du présent principe n'ayant plus d'objet.

Cette libre convertibilité encourage la fuite de capitaux de l'Afrique vers l'Europe et la mondialisation a encore accentué le phénomène. Ce qui est présenté comme avantage et sous-tend ce principe s'avère non seulement inexact mais surtout obsolète concernant particulièrement ces deux cas mentionnés. Cette obsolescence appelle l'adaptation de ce principe et la renégociation du contrat, son économie ayant été bouleversée surtout au détriment des seuls pays de la zone franc, rompant par la même occasion l'égalité des contractants et altérant la situation des pays de la zone franc.

Encore un autre inconvénient de ce principe doublé ici d'une situation paradoxale voire d'une incongruité : il n'y a pas de libre convertibilité entre le franc CFA émis par la BEAC et celui émis par la BCEAO, deux Banques Centrales pourtant de la zone franc CFA, ce qui entraîne le cloisonnement commercial de deux régions africaines de la zone CFA, et qui handicape de ce fait énormément le commerce intra zone. Cette situation confirme une convertibilité à sens unique et unilatérale.

La zone franc constitue véritablement un espace monétaire unique au monde avec ses spécificités, ses particularités, à l'instar de ce dernier exemple qui vient s'ajouter à la longue liste des inconvénients. Tout ceci handicape sérieusement l'économie des pays de la zone franc en question. Une situation qui nécessite une renégociation de ce principe fondateur.

Tous ces inconvénients accumulés appellent la révision de ladite convention pour obtenir l'ajustement nécessaire et le retour à l'équilibre des prestations. Une révision qui passe par une application du *rebus sic stantibus* au contrat de coopération et à terme un remplacement pur et simple du franc CFA pour éviter de faire du neuf avec du vieux et faire ainsi l'économie des replâtrages du passé. Comme le laisse entrevoir le projet d'une monnaie unique de la CEDEAO pour toute la zone ouest africaine avec l'Eco.

Chapitre III - Le remplacement du franc CFA ouest africain par l'éco

Lors d'une conférence de presse samedi 21 décembre 2019 à Abidjan en Côte d'Ivoire suite à une visite officielle, à la surprise générale, le président français Emmanuel Macron et son homologue ivoirien annoncent la fin du franc CFA et son remplacement par l'Eco pour les pays de l'UEMOA, dans une phrase choc du premier *« rompons les amarres du franc CFA »* avec toutefois un Eco à parité fixe avec l'euro et garanti par la France.

La nouvelle est aussitôt relayée par les médias comme c'est souvent le cas pour ce genre d'annonce. La presse écrite n'est pas en reste comme en témoignent les quelques grands titres qui rivalisent d'inspiration, d'imagination et de qualificatifs pour annoncer la mort du franc CFA de la zone ouest africaine.

Eco et franc CFA : quatre mariages pour un enterrement.[1] *Réforme du franc CFA : Comment la fracture sur l'éco a éclaté au grand jour au sein de la CEDAO.*[2] *Du franc CFA à l'éco : une angoisse ouest africaine.*[3] *Du franc CFA à l'éco ou comment africaniser une monnaie.*[4] *Le franc CFA change de nom et devient l'éco.*[5] *Le franc CFA est-il l'ennemi de l'éco.*[6] *Pourquoi l'éco sera pire que le franc CFA.*[7]

L'annonce de cette fin par-delà le timing (sur lequel nous reviendrons) ne laisse guère indifférent et soulève même des questions tant sur le fond que sur la forme :

D'abord la conférence de presse. Une conférence de presse entre seulement deux présidents, (dont l'un n'est pas officiellement partie prenante aux négociations du projet) pour l'annonce de la réalisation d'un projet commun à la CEDEAO de quinze pays.

---

[1] Koku Nabuko, Jeune Afrique

[2] Jeune Afrique

[3] Sabine Sessou, Monde diplomatique 13 janvier 2020

[4] Maison de l'Europe Nîmes

[5] AFP 21/12/2019

[6] BBC News Afrique

[7] Loup Viollet, 29 juillet 2020 Journal de l'économie

Une présence du président français qui en dit long sur la nature des relations qui unit ce groupe de pays à l'ancienne puissance colonisatrice, incontournable et omniprésente dans la vie du franc CFA.
Ensuite pourquoi ce remplacement pour la seule zone UEMOA alors que les pays de la ZMAO anglophones sont aussi partenaires du projet de monnaie unique de la CEDEAO. Cette sortie solitaire, « unilatérale » ne cache-t-elle pas quelque chose de plus profond, de plus subtile voire de plus préoccupant pour la monnaie unique.
Enfin pourquoi nommer le franc CFA de la zone UEMOA « Eco » alors que c'est le nom choisi unanimement pour la monnaie unique de la CEDEAO (certains observateurs n'ont pas hésité à parler d'usurpation d'appellation) ; pourquoi une parité fixe avec l'euro et surtout cette garantie par la France qui a annoncé officiellement d'une phrase choc « la rupture des amarres » du franc CFA.

Une série de constats peut être faite pour tenter de comprendre et tenter d'expliquer cette « mort subite. »
Un premier constat s'impose : le franc CFA hier comme l'Eco aujourd'hui ne laisse guère indifférent, pourquoi ? les raisons sont multiples et variées mais nous nous contenterons des plus évocatrices. :
Le franc CFA est la dernière monnaie coloniale encore en vigueur à pouvoir résister au temps (soixante-dix-huit ans) malgré la décolonisation et son principe général fondateur : le droit des peuples à disposer d'eux-mêmes.
Le franc CFA n'est-il pas intimement lié à la France pour que l'annonce de sa disparition soit faite par le président de l'ancienne puissance colonisatrice en personne, sinon comment expliquer qu'un pays sur le territoire duquel une monnaie n'a pas cours et qui ne l'utilise pas de surcroît puisse être à ce point incontournable jusqu'à annoncer sa fin par son président et que dire des médias et de la presse de ce pays pour l'intérêt qu'ils portent à la monnaie d'un groupe de pays du tiers monde parmi les plus pauvres à l'indice de développement humain (IDH), une situation unique au monde qui laisse songeur.

Un deuxième constat : la fin du franc CFA et son remplacement par l'Eco à peine annoncés, suscitent déjà interrogations, posent des questions et interpellent même les spécialistes les plus aguerris de cette monnaie.

Un troisième constat qui a trait à la sémantique : si on remplace, si on substitue, c'est objectivement que la chose dont il s'agit n'est plus appropriée, ne répond plus à ce à quoi elle est destinée. Encore plus, si on annonce une fin, c'est que c'est bel et bien terminé, c'est-à-dire la mort. Toujours est-il que toute fin ou toute mort quelle qu'elle soit a bien une cause, surtout si elle est subite. La fin ou la mort ne peut être fortuite. Ainsi en est-il de celle du franc CFA. Il convient donc de trouver ou mieux de chercher les causes profondes de cette mort annoncée ou de cette fin et elles sont nombreuses de l'avis des spécialistes (A).

Pour rester dans la métaphore, la question se pose de savoir ce que l'on fait de l'héritage de « feu franc CFA ouest africain » à savoir toute sa structure, tout son fondement, ses principes directeurs, le contrat de coopération lui-même ? est-il frappé par la dissolution, [1] la résolution [2] ou la résiliation ? [3] Va-t-on faire fructifier cet héritage parce que le franc change simplement de nom et devient l'Eco ou le laisser en « déshérence » à défaut

---

[1] Rupture d'un lien, dissolution d'un groupe qui met fin légalement à une communauté d'intérêts et l'existence juridique de ce groupe, dans des cas spécifiés (causes de dissolution) et avec des conséquences déterminées (comptes, liquidation, partage, etc.) Gérard Cornu, *Vocabulaire juridique* 10° édit. PUF 2014 p. 356

[2] Action d'anéantir, plus spécifiquement anéantissement en principe rétroactif (coup de la résiliation d'un contrat synallagmatique qui est fondé sur l'interdépendance des obligations résultant de ce type de contrat, consiste à libérer une partie de son obligation lorsque l'obligation de l'autre ne peut être exécutée Gérard Cornu, *Vocabulaire juridique* 10° édit. PUF 2014 p. 915

[3] Résolution non rétroactive. Nom donné à la dissolution d'un contrat par un acte volontaire comme la révocation, mais sans rétroactivité soit à l'initiative d'une seule partie notamment dans les contrats à durée indéterminée (résiliation unilatérale) soit sur l'accord des deux parties (résiliation conventionnelle) Gérard Cornu, *Vocabulaire juridique* 10 ° édit. PUF 2014 p.214

« d'héritier acceptant » ou faute de « n'avoir été réclamé par personne » eu égard au lourd passif qui le grève (référence aux origines du franc CFA : héritage de l'Allemagne nazie avec un clearing édulcoré puis le passé colonial) ce qui laisse entier le problème du mode fonctionnement de la nouvelle monnaie sur de nouvelles bases aux contours encore imprécis et qui pose la question suivante : va-t-on faire du neuf avec du vieux ? c'est-à-dire bâtir l'Eco sur et avec les anciennes structures du franc CFA après avoir colmaté les brèches, ce qui reviendrait ni plus ni moins à un replâtrage ou simplement un nouveau rameau va-t-il germer sur les ruines du franc CFA (B) ; un nouveau rameau (expurgé des avatars, des scories et des tares de l'ancienne monnaie) mais avec de nouveaux partenaires pour l'adoption d'une nouvelle monnaie commune en vue d'une intégration et d'une souveraineté pleine et entière va-t-il enfin germer (C) ; un processus somme toute difficile (D) ; à preuve une entrée en vigueur sans cesse repoussée et une monnaie unique au point mort (E) ; ce qui confirme *in fine* par-delà les difficultés et avec l'effet du temps et du long terme, le *rebus sic stantibus* (F).

A - Les causes profondes de la fin du franc CFA ouest africain

La fin annoncée du franc CFA ouest africain (21 décembre 2019) et son remplacement pur et simple par l'éco (janvier 2020) soulèvent beaucoup de questions et d'interrogations sur les causes profondes de la fin subite de cette monnaie qui a soixante-huit ans (78 ans) d'existence (le franc est né le 16 décembre 1945) et l'avenir de l'éco. Comme déjà évoqué. La fin ou la mort quelle qu'elle soit a toujours une cause, qui plus est, si elle est subite, une mort qui par opposition à une mort naturelle suscite toujours beaucoup de questions et d'interrogations. Ainsi en est-il de celle du franc CFA ouest africain. Si bien qu'il importe de rechercher ces causes profondes et de tenter de les expliquer le plus objectivement possible.

1 - Une lourde origine à assumer

Une première explication des causes profondes de la fin du franc CFA ouest africain est à rechercher dans ses origines. Origines bien souvent occultées par les spécialistes, même par les historiens de la monnaie qui préfèrent se focaliser sur les aspects techniques, le fonctionnement et le présent oh combien tumultueux de cette monnaie.

Pourquoi ce non-dit, voire cette action par omission volontaire, d'un grand nombre de ceux qui s'intéressent au franc CFA. La raison tient à l'image et à la triste renommée de l'Allemagne nazie : inspiratrice et créatrice du mécanisme monétaire qui régit le franc CFA. Un mécanisme appliqué à la France occupée qui à son tour l'appliqua dans ses colonies d'Afrique avec le franc des colonies françaises d'Afrique. La simple évocation de l'Allemagne nazie soulève de douloureux souvenirs et un triste passé si bien que rattacher le mécanisme d'une monnaie au responsable d'un passé douloureux met très mal à l'aise, n'est pas très judicieux et est même difficile à admettre, ainsi l'évoque-t-on avec parcimonie et précaution comme si « l'on marchait sur des œufs ». Seuls les auteurs les plus audacieux osent en parler dans leurs écrits sur cette monnaie.

Mais l'honnêteté intellectuelle à l'occasion de cette mort subite annoncée, recommande, voire pousse à ce qu'on appelle les choses par leur nom et que l'on restitue « la paternité biologique » au véritable géniteur du mécanisme du franc CFA et surtout qu'on rétablisse la vérité historique quelle qu'en soit l'auteur ou la paternité. *Quae sunt Caesaris, Caesaris* : Rendre à César ce qui est à César. [1]

---

[1] Nouveau testament Luc 20 25, Matthieu 22 21, Marc 12 13 17

L'histoire est événementielle, un tel acte quel que soit son auteur ne peut être nié, ni occulté voire passé par pertes et profits parce qu'il est à jamais lié à la mémoire, à l'existence de cette monnaie avec lequel il ne fait plus qu'un, y ayant ses origines, son fondement et ses mécanismes de fonctionnement par-delà les zones géographiques, les époques, les relais, les bénéficiaires, les nouveaux propriétaires et les changements successifs d'appellations comme ici avec le franc des colonies françaises d'Afrique (CFA).

Le franc CFA a ses origines lointaines dans la monnaie d'occupation. Il est le vestige par essence de la monnaie d'occupation émise par l'Allemagne nazie en 1939 dans les territoires conquis et occupés, notamment la France entre 1939 et 1944, car les allemands dès l'occupation de la France et des pays d'Europe inventèrent des monnaies locales (Deutsch mark des territoires occupés qu'ils associèrent au vrai deutschemark).

Le franc CFA d'une manière intrinsèque et de l'avis des spécialistes de la monnaie est une ingénieuse stratégie et une habileté monétaire dont le mécanisme n'a pas été imaginé par les français. C'est un procédé qui leur a été appliqué par les allemands lorsque la France était sous occupation entre 1939 et 1944.
Le mécanisme et le procédé de cette monnaie reposent sur les accords commerciaux par voie de compensation, le clearing (accords de commerce en vertu desquels le produit d'exportation est affecté au règlement des importations de manière à atteindre l'équilibre des échanges entre les contractants...)
Toujours est-il que ces accords dans leur mode de fonctionnement normal présentent aussi de graves inconvénients, l'égalité de la valeur totale des importations et exportations entre les deux pays, nécessaire à leur compensation n'est jamais atteinte. Le clearing franco- allemand fonctionna sur cette base, c'est-à-dire un clearing édulcoré et utilisé avec tous les inconvénients de cette technique avec une manipulation du taux de change à l'avantage exclusif du conquérant allemand et par conséquent perverti.

Ainsi avec le renouvellement du clearing imposé en novembre 1940, l'Allemagne en guerre a acheté de 1940 à 1945 à la France beaucoup plus qu'elle ne lui a vendu, sur la base d'un taux de change arbitraire. L'arriéré de clearing étant intégralement financé par le trésor français.

Ce clearing franco-allemand fonctionna sur des bases arbitrairement imposées par l'Allemagne, plein de finesse, d'astuce, de roublardise, un brun cynique avec un sens aigu de la stratégie monétaire ; mécanisme fortement décrié du côté français.
Comment assumer l'héritage d'un mécanisme tant décrié ? ne peut-t-on pas y voir une cause lointaine de la fin du CFA ? Associer le mécanisme d'une monnaie à une triste renommée.

2 - Le franc CFA: vestige de la monnaie des colonies françaises d'Afrique et survivance du colonialisme

Les critiques acerbes du côté français n'ont pas empêché la France de reconduire le mécanisme d'un clearing franco-allemand édulcoré et perverti dans ses colonies d'Afrique avec le franc des colonies françaises d'Afrique (CFA) en 1945. Ainsi le clearing édulcoré et perverti franco-allemand est remis à jour à la fin de la guerre en 1945 dans les colonies françaises d'Afrique avec comme monnaie le franc des colonies françaises d'Afrique. La France n'a rien inventé, elle a simplement copié le mécanisme monétaire de l'Allemagne nazie qu'elle a ensuite appliqué à ses colonies d'Afrique. Elle n'a fait que du copier-coller avec simplement un changement de nom ; la France colonisatrice à la place de l'Allemagne nazie, les pays colonisés à celle de la France occupée. Le franc français à la place du Deutsch mark et le franc des colonies à la place du mark en vigueur dans les pays occupés avec tous les inconvénients du clearing franco-allemand pour favoriser le pays dominant, ici la France colonisatrice.

Pourquoi ce qui a été considéré naguère comme reposant sur des bases arbitrairement imposées par l'Allemagne nazie plein de finesse, d'astuce, de roublardise, un brun cynique avec un sens aigu de la stratégie monétaire est-il reconduit tel quel dans les colonies d'Afrique et prospère encore aujourd'hui par-delà un changement d'appellation ou de signification de l'acronyme CFA alors que la base et le fondement sur lesquels repose la monnaie demeurent ?

Cette page triste des vestiges du CFA ne serait-elle pas une des causes de la fin de cette monnaie pour se débarrasser une fois pour toute de ce boulet que traîne le franc CFA depuis maintenant soixante-dix-huit ans (78 ans) et les pays de la zone avec lui.

Un autre élément, la colonisation et les colonies prolongent le mécanisme et le champ d'application de la monnaie. « En effet, le franc CFA, franc des colonies françaises d'Afrique est lié à la colonisation qui relève d'ailleurs de la même philosophie que cette monnaie : un but mercantile, commercial et lucratif, référence au clearing édulcoré et perverti franco-allemand. La mise en place progressive de ce système est le choix stratégique de la France mettant l'entreprise de colonisation au service des intérêts économiques français. Après la création du franc CFA en 1945, la France garde la mainmise sur la politique monétaire de la zone franc dont les pays subissent des choix économiques et monétaires dictés par les intérêts français. »[1]

Et d'ailleurs de l'avis des spécialistes, la zone franc constitue un espace unique au monde. Le franc CFA est la dernière monnaie coloniale au monde avec l'omniprésence et l'omnipotence de la France dans la vie de cette monnaie à travers les principes directeurs où elle se taille la part du lion malgré l'habillage qui est fait mais qui donne à cette relation un caractère léonin.
Un tel système qui fait corps avec le franc CFA n'est-il pas une des causes de la fin du CFA et avec elle l'image du puissant colonisateur dont on veut se débarrasser ?

---

[1] Y. Fassassi op. cit

3 - Un anachronisme pesant.

Comme déjà rappelé, la zone franc constitue un espace unique au monde. La zone franc et sa monnaie le franc CFA constituent le seul système monétaire colonial à avoir survécu à la décolonisation avec le droit des peuples à disposer d'eux-mêmes proclamé par les Nations-Unies, les survivances du colonialisme sonnent comme un anachronisme. Après la création du franc CFA en 1945, la France garde la mainmise sur la politique monétaire de la zone franc dont les pays subissent des choix économiques et monétaires dictés par les intérêts français.

Les fondements de la monnaie d'occupation sont demeurés en l'état et reconduits comme tels en les accentuant surtout par la puissance colonisatrice en dépit des changements successifs de la signification de l'acronyme. Seuls la forme et les acteurs ont changé. Le fond, c'est-à-dire la stratégie, le mécanisme lui-même n'ont guère évolué. « Aucun pays ne peut avoir une politique monétaire immuable depuis trente ans. Cela existe dans la zone franc. Il y a donc quelque chose qui cloche….
Le mécanisme est devenu désuet et n'est pas adapté à la conjoncture internationale dynamique. » [1] Les bases sur lesquelles repose le franc CFA n'ont pas changé depuis ses origines voilà bientôt soixante-dix-huit ans (78 ans) et ce malgré les indépendances et les changements successifs de significations de l'acronyme. Nous sommes bien face à un anachronisme monétaire qui pourrait bien expliquer ou être une des causes de son remplacement.

---

[1] Carlos Lopes, secrétaire exécutif de la commission économique de l'ONU pour l'Afrique. Le point Afrique 30 septembre 2016

Un système unilatéral et une convention léonine.
Le mécanisme, la stratégie et le fonctionnement du franc CFA sont attribués à l'Allemagne nazie en 1940 avec la monnaie d'occupation comme déjà souligné. Juridiquement c'est par un acte unilatéral et léonin que l'Allemagne nazie a imposé cette monnaie d'occupation à la France et aux territoires occupés d'Europe.

La monnaie d'occupation a d'ailleurs cessé à la fin de la guerre avec la défaite de son initiateur et concepteur, preuve de ses caractères unilatéral, arbitraire et léonin. Toujours est-il que la France à son tour, a reproduit et reconduit le même système dans ses colonies d'Afrique et du Pacifique par un décret (pris par un gouvernement provisoire). Un acte administratif unilatéral et léonin (le parallélisme est saisissant) pris par la puissance colonisatrice pour ses colonies, une sorte de contrat d'adhésion pour les territoires colonisés. Ceux-ci devenant parties à cet accord aux conditions établies unilatéralement comme pour mettre un bémol et enjoliver le caractère léonin de cet acte.

Avec les indépendances, le franc des colonies d'Afrique a été maintenu sous une appellation différente certes mais avec le même acronyme, sur le même mécanisme, la même stratégie et le même mode de fonctionnement qu'à ses origines ; Résultat d'un acte unilatéral et d'une convention léonine. Ce système unilatéral et cette convention léonine ne peuvent perdurer à l'aune du 21 ° siècle et expliqueraient pour partie la fin du franc CFA ouest africain.

4 - Des principes directeurs inopérants

Un accord de coopération entre la France et les pays de la zone franc a été signé le 4 novembre 1973. Quatre principes directeurs : la libre convertibilité du franc, la libre fixité des parités, la centralisation des réserves de change, la liberté absolue des transferts (libre transfert) constituent la base de cet accord.
Ces quatre principes ont été présentés comme levier et facteur d'un développement économique et social, source de progrès.

La question se pose de savoir si ce qui a été présenté comme avantages le sont effectivement et si les pays de la zone franc ont tiré un bénéfice significatif de ces principes par rapport à ce qui a été annoncé en comparaison de la situation d'avec d'autres pays à monnaie non convertible et ne bénéficiant pas de coopération.

a - Le principe de libre convertibilité

Trois avantages sous-tendent le principe de libre convertibilité : la garantie sans limite du franc CFA par le trésor français, l'accès à toutes les devises du monde par le biais d'une monnaie de substitution, l'attractivité des investissements directs à l'étranger (IDE).
Par-delà la question de l'opportunité de la tutelle et du parrainage d'un puissant garant qui continue de diviser soixante-dix-huit ans après la création du franc CFA, il est à noter que la garantie annoncée coûte très chère aux pays de la zone franc, des sommes considérables qui pourraient être affectées au budget de fonctionnement au regard des immenses besoins de ces pays et qui servent à rémunérer la garantie du trésor français.

L'accès à toutes les devises du monde.
Les pays de la zone franc ont accès à toutes les devises du monde par le biais d'une monnaie de substitution : le franc français et maintenant l'euro.
Avoir accès à toutes les devises du monde est-ce vraiment un avantage si c'est par le biais d'une monnaie de substitution ? Peut-on encore dans ces conditions parler d'autonomie ou de souveraineté monétaire ? Il y a pire : peut-on-parler d'un avantage quand le franc CFA de la BCEAO et celui de la BEAC ne sont même pas convertibles entre eux.

L'attractivité des investissements directs à l'étranger (IDE).
Un des derniers avantages du principe de la libre convertibilité de l'avis des signataires est l'attractivité des IDE. Ainsi les pays de la zone franc qui bénéficient d'une monnaie convertible devraient avec le franc CFA attirer inéluctablement des IDE en

comparaison des pays dont la monnaie n'est pas convertible dans le monde et en particulier en Afrique pour confirmer et asseoir les avantages du principe. Mais la réalité des faits et les chiffres des IDE dans le monde prouvent le contraire.

Ce n'est pas parce qu'une monnaie est convertible qu'elle attire forcément les IDE ou qu'il faille aller investir dans le pays émetteur ou propriétaire de cette monnaie. Tout comme l'inconvertibilité d'une monnaie nationale n'a jamais été un quelconque frein à l'arrivée dans le pays d'accueil des IDE. L'exemple de la Chine et des pays du sud est asiatiques vient contredire ce qui est présenté comme un avantage aux pays de la zone franc. En Afrique les exemples ne manquent guère avec les pays du Maghreb : Maroc, Tunisie, Algérie (qui ont tous rompus avec le franc CFA pour une souveraineté monétaire) et le Nigeria où les IDE venant paradoxalement de la France qui a vanté, prôné les mérites de cet avantage sont conséquents et nettement plus importants que dans les pays de la zone franc.

b- Le principe des parités fixes

Fixité - stabilité, exclusion du risque de change, accès au vaste marché européen, telle est la série d'avantages qu'offre ce principe de fixité aux pays de la zone franc. Toujours est-il que malgré cette fixité, le franc CFA a été unilatéralement dévalué par la France en 1994. Une dévaluation décidée discrétionnairement par la France avec le soutien du fonds monétaire International avant que les États africains n'en soient informés par le ministre français de la coopération. Aussi malgré la fixité-stabilité du franc CFA les investisseurs européens et français en particulier préfèrent aller investir au Nigérian et dans les pays du Maghreb hors de la zone franc pour ce qui est de l'Afrique.

Comment l'exclusion du risque de change peut-elle être présentée comme un avantage alors que les plus fortes devises du monde n'y échappent guère. Cet avantage est tout à fait relatif voire simplement un avantage d'emprunt, de substitution. C'est à se demander si ce qui est présenté comme un avantage n'est pas en définitive la conséquence ou la résultante d'une existence d'emprunt ou par procuration de cette monnaie, un avantage théorique, conditionnel.

Quant au dernier avantage : l'accès au vaste marché européen, force est de constater que n'a pas accès au marché européen qui veut, vu le strict respect d'un cahier de charges rigoureux. Les pays de la zone franc ont-ils de quoi proposer pour honorer cet accès au marché européen ?
Pour des pays où le *« made in »* pour une gamme de produits finis ou semi finis est absent, pays qui sont plus pourvoyeurs de matières premières minières et agricoles, cet avantage ne veut pas dire grand-chose en l'état actuel de la situation économique de ces pays.

c- Le compte d'opérations

De l'avis général des économistes spécialistes du franc CFA, le compte d'opérations cause aux pays de la zone franc d'énormes préjudices en priorité d'ordre financier, économique, social et politique (les pays de la zone franc doivent déposer 100 % puis 65 % puis 35% de leurs avoirs au trésor français). Deux conséquences de cet état des choses : le niveau élevé des réserves de change pour des pays classés parmi les plus pauvres du monde au niveau de l'indice de développement humain (IDH). Ils se voient priver d'énormes ressources financières qui auraient pu être investies dans les secteurs productifs et pour le développement. Les pays africains stockent ou immobilisent dans les caisses du trésor français d'immenses capitaux financiers indispensables au développement socio-économique de l'Afrique.
Le dernier inconvénient : les multiples usages que fait la France de ces avoirs extérieurs qui lui sont confiés.

Somme toute le mécanisme du compte d'opérations fait de ces pays de simples rentiers financiers se contentant de récolter les maigres intérêts financiers dont le taux est fixé unilatéralement par la France. « Le compte d'opérations est une épargne forcée qui n'est pas destinée au développement mais à renflouer de façon prioritaire les comptes d'opérations ouverts sur les livres du trésor public français au compte de chaque banque centrale africain. »[1]

La France de son côté place le plus naturellement du monde comme tout agent économique intelligent, les immenses capitaux africains dans les établissements financiers ayant les meilleurs taux de rémunération et elle s'approprie logiquement le différentiel du taux d'intérêt.
Un tel mécanisme même si le taux des avoirs à déposer est passé à 65 % puis 35% peut-il réellement prospérer ?

d- Le principe de libre transférabilité des capitaux

Dernier principe de l'accord de coopération. Pour les signataires et surtout grâce à ce principe d'expatriation illimitée, les investisseurs vont inonder de leurs immenses capitaux l'Afrique de la zone franc dont le développement socio-économique sera ainsi accéléré. Inonder les zones CFA / accélérer le développement socio-économique, tels sont les avantages espérés. Par-delà le fait d'être des pratiques connues et héritées de la colonisation, ériger ce principe en avantage paraît bien anecdotique au regard de la situation économique actuelle de ces pays et surtout comme déjà évoqué les IDE effectués par la France dans les pays du Maghreb et au Nigeria enlèvent toute sa substance à cet avantage.

[1] N. Agbohou op. cit. p 94 à 96

Quant au deuxième avantage, l'accélération du développement socio-économique, outre le fait que c'est l'aspiration légitime de tout État (même les pays développés eux aussi trouvent qu'ils doivent accélérer leur développement socio-économique pour toujours s'améliorer). L'ériger en avantage est non seulement anecdotique et superfétatoire mais aussi et surtout n'a quasiment pas donné grand-chose au regard de l'état socio-économique des pays de la zone franc classés selon leur indice de développement humain (IDH) parmi les plus pauvres du monde (sur quinze pays africains membres de la zone franc, onze sont classés comme pays les moins avancés par les Nations Unies.

B - Un nouveau fonctionnement aux contours encore imprécis

Le franc CFA repose sur toute une structure, un mécanisme, un fondement et surtout sur quatre principes directeurs issus d'un contrat de coopération entre la France et les pays de la zone franc. Avec l'annonce d'une nouvelle monnaie, l'éco à la place du franc CFA ouest africain, la question se pose de savoir sur quels fondements, sur quelle base va reposer et fonctionner la nouvelle monnaie. Plus prosaïquement, va-t-on faire du neuf avec du vieux, c'est-à-dire faire du simple copier-coller. Coller la nouvelle monnaie, l'éco sur les anciennes structures du franc CFA ouest africain, ou va-t-on créer *« ex nihilo »* une nouvelle monnaie sur de nouvelles bases avec de nouvelles structures et pourquoi pas de nouveaux partenaires de la CDEAO pour une monnaie régionale comme les négociations avec les pays anglophones, particulièrement le Ghana et le Nigeria semblent bien l'indiquer.

Toujours est-il qu'il ait dit dans les Saintes écritures : Évangile de Saint Marc 2-21-22 et Saint Mathieu 9-17 « Personne ne coût une pièce d'étoffe neuve sur un vieux vêtement, sinon la nouvelle pièce arrache une partie du vieux vêtement et la déchirure s'agrandit encore. Et personne ne verse du vin nouveau dans de vieilles outres ; sinon le vin fait éclater les outres ; le vin est perdu et les outres aussi. Mais non ! pour le vin nouveau, il faut des outres neuves. »

Il convient de rappeler que la France se taille la part du lion dans le fonctionnement et la vie du franc CFA avec le contrat de coopération, une représentation dans les conseils d'administration et la gestion du compte d'opérations. Serait-ce toujours le même mode de fonctionnement avec l'éco ? aura-t-elle toujours sa part du lion dans la structure et le fonctionnement de la nouvelle monnaie ? C'est la question de fond.

Le contrat de coopération.
Des accords de coopération monétaire internationale renforcés par une garantie régissent les rapports entre la France et les pays de la zone franc ouest africaine avec des privilèges exorbitants et un statut privilégié pour la France. Que vont devenir ces accords de coopération avec la nouvelle monnaie, l'éco. La France peut-elle renoncer à cette omnipotence, à tous ses privilèges exorbitants, à son statut privilégié et se muer en simple collaborateur ou observateur ? Que deviennent les accords de coopération ? vont-ils disparaître avec le franc CFA ouest africain ? Rien n'est moins sûr eu égard au statut privilégié de la France. Tout ceci alimente l'avenir et un cadre futur imprécis entachés d'incertitudes vis-à-vis d'un puissant partenaire. « Chassez le naturel, il revient au galop »[1]

La place de la France dans les conseils d'administration.
Les conseils d'administration sont les organes réels de la mise en place des accords de coopération monétaire. Quel rôle y joue la France ?
Jusqu'en 1973, avant la réforme il y avait au CA de la BCEAO 7 français et 14 représentants des États membres, s'ensuivit une réduction du nombre. Désormais 16 administrateurs, soit deux par pays participant à la gestion de la Banque centrale. Pour la

---

[1] Expression née dans l'oeuvre du poète latin Horace : *Naturam expelles furca, tamen usque recurret,* mais a pris la forme qu'on lui connaît aujourd'hui dans celle de l'auteur dramatique Philippe Néricault Destouches (1680 -1754)

représentation française « deux administrateurs désignés par le gouvernement français participent au conseil d'administration de la BCEAO dans les mêmes conditions et avec les mêmes attributs que les administrateurs désignés par les États membres. »

En dépit de la réduction du nombre des administrateurs, le véritable pouvoir se trouve dans le fonctionnement et les prises de décisions du conseil d'administration avec notamment les règles de l'unanimité, de la majorité, du droit de véto et de la politique de la chaise vide.

A la BCEAO, les modifications de ses propres statuts « doivent recueillir l'unanimité des membres du conseil d'administration » ; dans le conseil d'administration siègent deux français dont le seul refus suffit à maintenir le statu quo. Une nuance a été apportée avec la règle de la majorité simple. Toujours est-il que la règle de l'unanimité est mise à jour lorsqu'il s'agit de prendre des décisions capitales comme les opérations d'escompte et de réescompte (qui correspondent à la création de monnaie).
La règle de l'unanimité accroît le pouvoir du puissant partenaire et le rend incontournable voire indispensable dans les opérations de création de monnaie. Qu'en sera-t-il avec l'éco ?

Le compte d'opérations.
Une des caractéristiques essentielles de la zone franc : la mise en commun des avoirs extérieurs dans un fonds de réserves de change qui font l'objet d'un dépôt auprès du trésor français dans un compte dénommé compte d'opérations et la banque centrale versera au compte d'opérations les disponibilités qu'elle pourra constituer en dehors de sa zone d'émission. Au début depuis 1960 la France exige que les pays de la zone franc déposent 100 % de leurs réserves dans les comptes d'opérations, le taux a été réduit à 65 % depuis 2005, est de
50 % puis 35% pour la BCEAO.
Ce principe tant décrié qui prive la zone ouest africaine d'une part importante de ses avoirs va-t-il enfin disparaître avec l'Eco ? c'est le vœu de tout le monde, et qui serait bénéfique et salutaire.

Trois points, trois privilèges à caractère léonin de la part de la France qui doivent disparaître du jour au lendemain avec l'Eco, autant d'interrogations qui accentuent l'incertitude sur l'avenir de la nouvelle monnaie.
Fort heureusement, face à des principes directeurs inopérants, le projet d'adoption d'une monnaie commune en jachère, qui dormait d'un profond sommeil, va enfin sortir de sa léthargie et être remis au goût du jour.

C - Le projet d'adoption d'une monnaie commune

L'idée remonte aux années 1975 avec le lancement d'un traité (à l'initiative des présidents togolais Gnassingbé Eyadéma et nigérian le général Yakubu Gown) qui allait déboucher sur la création de la CEDEAO au début des années 1980.
Les chefs d'État et de gouvernement posent les bases d'un processus d'intégration monétaire.
Deux grandes zones monétaires composent la CEDEAO :
L'UEMOA crée en 1994 qui a en commun le franc CFA et la zone monétaire d'Afrique de l'ouest (ZMAO) depuis 2000 qui comptent six pays avec autant de monnaies (le Cédi au Ghana, le dolasi en Gambie, le dollar libérien au Liberia, le franc guinéen en Guinée, le Leone en Sierra Léone et le naira au Nigeria), l'escudo au Cap Vert, seul pays de la CEDEAO à n'appartenir à aucune de ces deux grandes zones monétaires.

A l'instar de la création des communautés économiques de par le monde, un projet de création d'une monnaie unique est élaboré avec le lancement en janvier 2015 d'une monnaie commune pour les pays membres de la zone monétaire ouest africaine, l'Eco. Dans un deuxième temps, une deuxième phase, le plan prévoyait que la ZMOA fusionnerait à terme avec l'UEMOA pour créer en 2020, une seule et même monnaie pour l'ensemble des pays de la CEDEAO.

D - Un processus d'intégration monétaire difficile

Afin d'asseoir les bases de son intégration, la CEDEAO adopte en 2001, le mécanisme de surveillance multilatérale des politiques économiques et financières des États membres avec pour objectif : le respect d'un ensemble de critères de convergence macroéconomiques susceptibles de contribuer à homogénéiser les économies de la région. (Condition *sine qua non* à l'adhésion de la zone Eco).
Trois sont des conditions de premier rang : le déficit budgétaire limité à 3% du PIB (la diminution du déficit budgétaire à un seuil inférieur à 3 % du PIB). Une inflation à 10 % maximum, le maintien du taux d'inflation annuel à un taux inférieur ou égal à 5 % et le maintien de la dette publique à un taux inférieur à 70 % du PIB.
Les conditions de deuxième rang consistent au maintien des réserves de change brutes à au moins six mois d'importations et le financement du déficit par la banque centrale doit représenter au moins 10 % des revenus fiscaux.
Les conditions d'adhésion à la zone Eco sont claires, précises et ne souffrent d'aucune ambiguïté pour les États membres.

Après trois reports successifs, en 2003, 2005 et 2009, les autorités ouest africaines renoncent finalement en juillet 2014 à lancer l'Eco en janvier 2015 au sein de la zone monétaire ouest africaine à cause du niveau insuffisant de préparation et de convergence économique au sein de la ZMAO ou West African Monetary Zone (WAMZ).

Face à la difficulté de satisfaire les critères de convergence, la CEDEAO adopte une stratégie d'intégration graduelle. Ainsi seuls les pays qui respecteront les critères de convergence dits de premier rang avant 2020 participeront à la monnaie unique.
Les résultats se faisant de plus en plus attendre, les chefs d'État et de gouvernement ont dû se résoudre à reconnaître la difficulté d'une intégration monétaire. A l'issu du sommet d'Abuja au Nigeria en décembre 2017, leur communiqué final sonnait comme un aveu d'échec voire d'impuissance. *« Déplorant le*

faible niveau du taux d'intégration économique après plus de quarante ans d'existence de la CEDEAO, le sommet a invité la commission en collaboration avec les États membres, à accélérer la mise en œuvre des projets et programmes intégrateurs. » Toujours est-il que dans le même communiqué, ils s'engagent à poursuivre les objectifs des pères fondateurs de doter la région d'une union monétaire.

E - Une monnaie unique au point mort

Prévus pour 2020, les critères de convergence pour la mise en œuvre de la monnaie unique ne sont toujours pas réunis, à l'exception d'un seul pays sur quinze, le Togo. Ce qui n'a d'ailleurs pas empêché les chefs d'État et de gouvernement réunis à Abuja d'adopter le symbole de l'Eco « Ec » ainsi que le nom de la future banque centrale, la BCAO (Banque Centrale de l'Afrique de l'Ouest). Une démarche qui s'apparente à s'y méprendre à une fuite en avant continuelle, qui revient à enjamber les obstacles, à les contourner, voire à les brûler, un jeu « de saute-mouton » en somme, au mépris des règles établies au préalable qui devraient servir de feuille de route et de boussole.

C'est dans ce contexte, fort des us, coutumes et exemples successifs d'enfreindre sans cesse la règle et la procédure établies qu'en dehors des habituelles réunions et grand-messes des chefs d'État et de gouvernement, en toute discrétion et court-circuitant tout le monde, nommément les partenaires anglophones de la CEDEAO que le chef d'État de Côte d'Ivoire et son homologue français annoncent la fin du franc CFA ouest africain et son remplacement par l'Eco à l'occasion d'une visite officielle du second comme déjà évoqué.

Le flot de questions, comme un sempiternel refrain voire une ritournelle n'a pas tardé, comme un air de déjà vu avec le franc CFA, les mêmes causes produisant les mêmes effets. Engendrant par ricochet une telle confusion en si bon chemin, alors que les choses étaient sur de bons rails pour une souveraineté monétaire nonobstant le temps.

Pourquoi un tel empressement alors que les critères de convergence susceptibles de contribuer à homogénéiser les économies de la région, condition *sine qua non* à l'adhésion de la zone Eco ne sont pas remplis ? Que devient la stratégie d'intégration graduelle décidée d'un commun accord par la réunion des chefs d'État et de gouvernement, à quoi sert encore cet organe suprême de prise de décision s'il doit être contourné par des démarches solitaires voire individuelles ?

Il faut bien admettre que l'annonce déjà en 2019 par les chefs d'État et de gouvernement de la CEDEAO de l'implantation de la nouvelle devise dès l'année suivante présageait de la couleur et portait en germe les prémices d'un tel empressement. Et que dire ensuite d'un calendrier général lui-même irréaliste : Il fallait en quelques mois créer une banque centrale, décider du régime de change, fabriquer pièces et billets, adapter les systèmes informatiques et les administrations ; ce que d'ailleurs l'Europe a mis une quinzaine d'années à faire pour lancer son euro.

Les pays de la CEDEAO ne devraient-ils pas aller à leur rythme, œuvrer de concert en adoptant « une politique des petits pas » en vue d'un grand projet vieux de quarante ans (40), conscients de leur force et surtout de leur faiblesse, précisément de leur histoire en ce domaine et de leur passé respectif (deux zones monétaires UEMOA francophone avec le franc CFA, la zone ZMOA six pays avec autant de monnaies) et par conséquent veiller scrupuleusement à se tenir à ce qui a été convenu et approuvé.

A ce problème de calendrier irréaliste vient s'ajouter celui plus terre à terre presque attendu et prévisible d'une crise interne aux deux blocs que tout oppose au niveau monétaire, passé colonial, mais qui font cause commune pour une unité monétaire régionale.

Le Nigeria et plusieurs pays anglophones d'Afrique de l'ouest ont dénoncé jeudi 16 janvier 2020 à Abuja la décision prise par les huit pays de l'UEMOA majoritairement francophones de remplacer le franc CFA par l'Eco, affirmant qu'elle n'était pas conforme au programme adopté. Ils ont unanimement dénoncé la décision unilatérale de renommer le franc CFA « Eco » « les pays de la zone monétaire ouest africaine (WAMZ) ont « noté avec préoccupation la déclaration visant à nommer unilatéralement le franc CFA, Eco d'ici juillet 2020. » Les ministres des finances et gouverneurs des banques centrales des pays anglophones de la CEDEAO estiment dans un communiqué que « cette action n'est pas conforme aux décisions de la CEDEAO en vue de l'adoption de l'Eco comme nom de la monnaie unique de toute la région. »

En effet, le projet de création d'une monnaie unique en deux étapes prévoit le lancement en janvier 2015 d'une monnaie commune par les pays de la zone monétaire d'Afrique de l'ouest. Il s'agit de l'Eco. Dans sa seconde phase le plan disposait que la ZMAO fusionnerait à terme avec l'UEMOA afin de créer en 2020 une seule et même monnaie pour l'ensemble des pays de la CEDEAO. Le texte fondateur est clair et se passe de tout commentaire, l'Eco décidé de concert est à terme la monnaie de la zone monétaire d'Afrique de l'ouest.

Cette décision unilatérale des pays francophones de la CEDEAO de nommer le franc CFA Eco, par-delà ce simple changement de nom, est lourd de conséquences et soulève des problèmes de fond que l'on pourrait qualifier d'existentiels car le franc est non seulement remplacé par l'Eco, mais encore et surtout cet Eco a une parité fixe avec l'euro et est garanti par la France. Le nom change certes mais les principes directeurs du contrat de coopération demeurent. Une tacite reconduction du contrat de coopération en somme.

A s'y méprendre, le nouveau franc CFA nommé Eco reprend les mêmes garanties sans limite du franc CFA par le trésor français et une parité fixe avec l'euro. Les mêmes causes ne risquent-elles pas de produire les mêmes effets ? Ne fait-on pas du neuf avec les mêmes recettes du vieux ?

Certains observateurs ont salué cette garantie et cette parité. Il convient de rappeler ce que nous disions à ce propos (page 60 et suivants) pour la garantie sans limite qui a un prix et coûte chère aux pays de la zone franc eu égard « à la perception de commissions à la hauteur des opérations réalisées comme le ferait un établissement de change normal...des sommes considérables qui pourraient être affectées au budget de fonctionnement au regard des immenses besoins des pays des pays de la zone franc. »

Quant au principe des parités fixes (fixité-stabilité) encore un autre principe de l'accord de coopération « Malgré cette fixité théorique, le franc CFA a été dévalué par la France en 1994. Une dévaluation décidée à Paris avec le soutien du Fonds monétaire international (FMI) avant que les États africains n'en soient informés par le ministre de la coopération... » Les mêmes causes ne risquent-elles pas de produire les mêmes effets : l'omniprésence de la France dans la vie et le fonctionnement de la « nouvelle monnaie » l'Eco avec cette reprise partielle des principes directeurs de l'accord de coopération qui n'ont pas donné le résultat escompté. Une tacite reconduction du contrat de coopération en ces deux principes.

La part faite à la France avec cette fixité d'avec l'euro et la garantie du trésor public a fait réagir le Nigeria (poids lourd des 15 pays de la CEDEAO avec 180 millions d'habitants sur 300 et 60 % du PIB de la zone) qui exige in fine « pour s'engager dans une véritable union monétaire, que les pays de la zone franc rompent totalement avec la France, donc aillent au-delà de la « réforme » annoncée. »

Les exigences du Nigeria, par-delà la question de leadership que lui prêtent certains observatoires, posent une véritable question de fond. Elles sont pertinentes, légitimes et méritent d'être tranchées une fois pour toutes en vue d'une souveraineté monétaire pleine et entière. La France comme l'a annoncé le

président Macron lors de sa conférence de presse à Abidjan en Côte d'Ivoire a-t-elle vraiment *« rompu les amarres »* du franc CFA ?
La garantie de la France et la fixité d'avec l'euro ne semblent pas aller dans le sens de la rupture des amarres comme annoncée, bien au contraire ! C'est cette même rupture effective des amarres que réclame le Nigeria.

Face à l'exigence du Nigeria « que les pays de la zone franc rompent totalement leurs liens avec la France », les pays de la zone franc ont quant eux opposé leur méfiance du fait qu'ils redoutent pour leur part de tomber dans l'instabilité monétaire que connaissent leurs voisins de la zone monétaire d'Afrique de l'ouest (ZMAO) qui ont chacun leur monnaie.
Cette exigence et cette méfiance sont somme toute légitimes et normales au vu des réalités du moment et tout ce qui vient d'être dit.

Il est un fait que la méfiance, les doutes, les craintes des pays de l'UEMOA vis à vis de ceux de la zone ZMOA sont fondés et la situation monétaire des pays anglophones ouest africains leur donne en partie raison à certains égards ; toujours est-il que ces six pays ont chacun leur monnaie qu'ils gèrent individuellement, qu'ils ont une souveraineté monétaire. Il n'est donc pas étonnant qu'ils connaissent une instabilité monétaire avec la faiblesse économique qui les caractérise.
Ne seraient-ils pas plus forts avec les quinze autres pays de la sous-région dans une communauté économique et monétaire, à un degré moindre et toute proportion gardée à l'instar de l'union économique et monétaire européenne, ce qui somme toute atténue et relativise la méfiance des pays de l'UEMOA. N'a-t-on pas l'habitude de dire que l'union fait la force ?

Le leadership
La démarche du chef d'État de Côte d'Ivoire à côté de celui de la France a tout d'un passage de relais du leadership vu que tous les pays francophones étaient partenaires pour renommer le franc CFA, Eco. Celle du Nigeria, poids lourd des quinze pays

de la CEDEAO a aussi été interprétée comme celle d'un leadership.

Toutes les communautés économiques de par le monde et spécialement les communautés économiques et monétaires ont toujours leur locomotive qu'impose le poids économique, le PIB etc... Que l'union économique se fasse ou non, il y aura toujours une locomotive, un leader que la réalité économique du moment imposera naturellement. Certes, les prises de décision des uns et des autres vont nous ramener à la question de leadership, et c'est dans le déroulement normal de la réalisation du projet, mais que cela paralyse le déroulement normal du processus d'intégration monétaire devient problématique. Que les observateurs prêtent les velléités de leadership à la Côte d'Ivoire ou au Nigeria est dans le déroulement normal du processus, reste à savoir si pour l'un c'est pour prendre et jouer le rôle de la France dans la nouvelle union monétaire, cela pose problème quand on sait la part léonine qui revenait à celle-ci. Pour l'autre, si c'est pour engager une véritable union monétaire et rompre avec la France, cela va dans le sens d'une véritable souveraineté monétaire.
Toujours est-il que la véritable locomotive, le vrai leader sera celle ou celui qu'impose tacitement les réalités économiques du moment.

Toutes ces difficultés qui n'arrêtent pas de s'accumuler à tous les stades du projet de la monnaie unique sans cesse reporté a fait dire à certains observateurs que la monnaie unique ouest africaine était mort née.
Pour notre part, nous parlerons d'une monnaie au point mort pour la simple et bonne raison que nonobstant les difficultés et les positions des uns et des autres, l'idée de poursuivre les objectifs des pères fondateurs de doter la région d'une union monétaire reste encore vivante et refait sans cesse surface à chaque sortie de route de la feuille de marche initiale. « Patience et longueur de temps font plus que force ni que rage. »[1] À

---

[1] Jean de la Fontaine, L*e lion et le rat.*

preuve, lors du dernier sommet de la CEDEAO à Niamey début septembre, alors que le projet est au creux de la vague et connaît des turbulences, le président Mahamadou Issoufou a exhorté ses homologues « à élaborer une nouvelle feuille de route, tout en maintenant une approche graduelle pour le lancement de la monnaie commune. » Un appel qui confirme que le projet n'est pas mort-né mais est au point mort.

F - La confirmation du *rebus sic stantibus*

Que dire du remplacement du franc CFA ouest africain par l'Eco sinon que c'est, par-delà le timing et les crises internes, du fait qu'il s'inscrit dans un projet global d'une monnaie unique de la CEDEAO, d'abord et avant tout la confirmation, mieux la conséquence et la preuve de la réalisation effective du *rebus sic stantibus* pour l'application du quel nous militons et que nous avons appelé de tous nos vœux dans les pages précédentes (chapitre II page 159 et s.) ; les éléments et les conditions qui sous-tendent la mise en œuvre de cette règle étant réunis, principalement le temps et le long terme qui ont fait leur effet (1) et partant les négociations souvent difficiles qui s'en suivirent (2) pour la réalisation effective de la règle.

1 - Le temps et le long terme

D'une manière générale, par-delà les considérations sociologiques, politiques, économiques, monétaires, il faudrait voir dans ce remplacement du franc CFA ouest africain par l'Eco, du point de vue du droit international des contrats et ensembles de contrats, l'effet du temps et du long terme qui sous-tendent le *rebus sic stantibus.*

Le temps et long terme que nous retrouvons dans l'exécution du traité ou du contrat international qui régit les rapports monétaires entre la France et les pays de la zone franc. Le long terme qui est facteur de risques parce qu'il a toujours posé et continue de poser problème dans l'exécution des contrats eu égard aux bouleversements de l'équilibre contractuel qui peuvent naître de son fait tant sur le plan technologique, commercial, monétaire que celui plus général de l'économie du contrat [1] comme ici.

Le phénomène de la durée sur les contrats constitue une préoccupation majeure pour les contractants en générale et une inquiétude particulière pour le contractant qui le subit directement à l'instar des pays de la zone franc ouest africaine qui après plusieurs timides tentatives avec les replâtrages successifs ont fini par réagir avec le remplacement pur et simple du franc CFA ouest africain par l'Eco. Même si la démarche reste pour l'instant individuelle, toujours est-il qu'elle s'inscrit à la base dans un projet commun à la CEDEAO incluant les pays anglophones avec le géant Nigeria, dans l'espoir d'une réalisation effective pleine et entière du *rebus sic stantibus,* l'entrée en vigueur de la monnaie unique prévue pour 2020 ayant été reportée à 2027.

2 - La mise en œuvre difficile du rebus sic stantibus

Même si le principe du *rebus sic stantibus* est acquis, sa mise en œuvre effective peut s'avérer ardue eu égard aux intérêts en jeu et partant à la complexité de la négociation pour arriver à l'équilibre contractuel de toutes les parties prenantes à l'opération sans avantager ni léser personne lors des négociations. La mise en œuvre du remplacement du franc CFA ouest africain par l'Eco n'a pas dérogé à la règle. Les négociations élargies à toute la CEDEAO ont impliqué les pays anglophones avec à leur tête le géant Nigeria. Elles ont été longues et âpres comme en témoigne la prise en main opérée par la France et l'annonce précipitée qui a non seulement pris tout le monde de court mais qui a surtout exclu *de facto* les pays anglophones de la CEDEAO pourtant partie prenante aux négociations depuis le début pour certainement empêcher selon

---

[1] Ch. Zagoh, *Le long terme : facteur de risques dans l'exécution des montages et ensembles de contrats,* Rev. Banque et Droit n°147 janv-fév. 2013

certains observateurs la naissance d'une monnaie commune à toute la CEDEAO à l'image de la monnaie commune européenne.

Cette annonce prématurée et précipitée appelle remarques et observations :
D'abord la difficulté de la négociation pour arriver du point de vue juridique à un accord en vue de l'équilibre contractuel de toutes les parties prenantes à l'opération.
Ensuite les intérêts (directs, indirects, à court, moyen et long terme) des parties comme en témoignent les pressions politiques de tous ordres comme celles de la part de celui qui a créé sa « chose. » Une chose qui lui appartient, qui lui rapporte énormément et qu'il ne voudrait surtout pas perdre à l'occasion d'une renégociation du texte fondateur.

Toujours est-il que le président du Nigéria Muhammadu Buhari n'a pas manqué à juste titre de souligner l'attitude de la France. Et d'ailleurs le titre d'un article de la revue Jeune Afrique est assez évocateur et révélateur à cet effet « Réforme du franc CFA : Comment la fracture sur l'Eco a éclaté au grand jour au sein de la CEDEAO ». Par-delà les querelles politiques, la question de leadership entre le géant Nigéria et la Côte d'Ivoire parrainée et soutenue par la France, ancienne puissance colonisatrice qui est toujours de la partie, il y a une confirmation du *rebus sic stantibus* et celle de l'effet du temps et du long terme qui ont eu raison du franc CFA ouest africain et du contrat de coopération entre la France et les pays de la zone franc.

La seule fausse note, le seul regret qui est à la hauteur des espoirs placés dans cette nouvelle monnaie (projet des espoirs déçus) demeure particulièrement le fait que ce projet ambitieux et porteur d'espoirs au niveau de la sous-région ouest africaine a un goût amer d'inachevé et risque de se terminer en queue de poisson si l'on n'y prend garde parce qu'il n'a pas été à son terme avec tous les pays de la sous-région. Et d'ailleurs son entrée en vigueur prévue pour janvier 2020 qui n'a toujours pas eu lieu et qui est reporté en 2027 en dit long et sous-entend beaucoup de choses. Mais l'espoir d'une souveraineté monétaire demeure.

Nous nous retrouvons *in fine* avec un franc CFA bis, un franc CFA nouvelle formule sous le simple nom de l'Eco ; en somme le changement dans la continuité, les pays de l'UEMOA autour de la France comme par le passé avec une fois de plus la présence incontournable de l'ancienne puissance colonisatrice qui revient en force sur le devant de la scène, comme chef d'orchestre encore à la baguette pour donner le « LA » du départ et ce, par la faute des pays de la CEDEAO qui n'ont pas pu faire preuve de patience, s'entendre, se mettre d'accord pour surmonter leurs divergences. A moins que ce ne soit certainement un sordide jeu géopolitique ourdi et savamment orchestré qui ait produit son effet au grand jour avec le résultat qu'on connaît, faire échouer un grand projet ambitieux et porteur pour la côte Ouest, l'Eco, au nom prédestiné et chargé de symbole.

Conclusion

Loin d'avoir tout dit, d'avoir exploré tous les aspects de cette monnaie, d'avoir développé tous les thèmes concernant le franc CFA, d'avoir traité tous les problèmes soulevés par cette monnaie à propos de laquelle beaucoup de choses ne sont pas encore dites et sont à chercher, à découvrir dans les structures existantes, des pistes de réflexion à inventer, à explorer, de nouveaux rameaux à découvrir.

Nous pouvons au terme de cette étude, retenir certains points, caractéristiques et mécanismes qui font somme toute la spécificité de cette monnaie et qui ne demandent qu'à être analysés, retravaillés, approfondis, voire améliorés pour la vie et la crédibilité pleine et entière de cette monnaie à l'occasion de travaux successifs sur la question.

.

Des caractéristiques et mécanismes qui doivent évoluer comme le temps et avec le temps à l'heure de la mondialisation à l'instar des nouvelles technologies pour éviter d'être anachroniques, ce qui reviendrait à faire du neuf avec de vieilles recettes héritées de l'époque coloniale.

Tout ceci à la lumière ou par le biais de débats dépassionnés et constructifs, de recherche, de réflexion comme cela se fait partout dans le monde et dans les démocraties dignes de ce nom sur les questions sociétales cruciales qui touchent directement la vie et le quotidien de millions de personnes et qui engagent le devenir et l'avenir des nations comme nommément ici ceux des pays qui composent cette zone comme l'est le franc CFA en Afrique. Pourquoi ces pays feraient-ils l'économie de ce qui fait le lot, la force des nations à travers le monde.

La première caractéristique et de loin la principale est celle d'une monnaie qui repose sur les accords de coopération entre la France et les pays de la zone franc.

La base, le fondement même de cette monnaie, ce sur quoi elle repose interpelle, ne laisse pas indifférent de prime abord eu égard à l'importance, à la portée, à la place de la monnaie dans la vie et le devenir d'un pays, qui plus est, de ceux de quinze pays, surtout qu'ici ces pays de la zone franc ont préféré abandonner leur souveraineté monétaire au bénéfice ou pour une politique de coopération monétaire avec l'ancienne puissance colonisatrice. Cet état des choses en dit long sur la nature et la spécificité de cette monnaie.

Des accords de coopération sous tendus par quatre principes fondateurs : le principe de la libre convertibilité du franc CFA - le principe des parités fixes - le principe des comptes d'opérations - le principe de libre transférabilité des capitaux, qui sont autant d'avantages censés accompagner et justifier ce contrat.
Cinquante ans après la signature de l'accord de coopération monétaire, les supposés avantages ont fondu, se sont même avérés inefficaces, inopérants avec le temps et le long terme d'une manière générale, puis la crise économique et la mondialisation ont accéléré, voire plus accentué le phénomène et le mouvement.

La dévaluation unilatérale du franc CFA par la France en 1994 nonobstant le principe de parités fixes entre le franc CFA et maintenant l'euro en est l'exemple patent. Le paradoxe des réserves de change excessives stockées dans le compte d'opérations au Trésor public français pour des pays en difficulté économique chronique voire permanente et parmi les moins développés au monde à l'Indice de Développement Humain (IDH), met en lumière non seulement le bien fondé et la portée mais aussi et surtout les effets de ce qui est présenté comme avantage.

La fuite massive des capitaux des pays de la zone franc vers l'Europe et vers la France en particulier du fait du principe de la libre transférabilité des capitaux est du même ordre.
Que dire enfin du principe de libre convertibilité du franc CFA avec le franc français et maintenant avec l'euro, quand les billets émis par deux Banques Centrales de la même zone franc, la BCEAO en Afrique de l'Ouest et la BEAC en Afrique centrale ne sont pas librement convertibles d'une communauté monétaire à l'autre. Des exemples parmi de nombreux autres

qui montrent que la zone franc est un espace monétaire bien particulier, unique au monde.

La zone CFA est un espace monétaire unique au monde. Dernière monnaie coloniale au monde, avec quinze pays africains qui utilisent encore la devise créée par la France en 1945, le franc CFA cultive et entretient sa spécificité. Cette monnaie a d'ailleurs gardé son acronyme CFA Colonies françaises d'Afrique hérité de l'époque coloniale malgré les divers habillages. Franc de la Communauté Financière Africaine émis par la Banque Centrale des États de l'Afrique de l'Ouest (BCEAO). Franc de la Coopération Financière en Afrique centrale émis par la Banque Centrale des États de l'Afrique centrale (BEAC). Le franc Comorien émis par la Banque Centrale des Comores (BCC).

Une monnaie qui a aussi gardé et qui a des liens étroits avec son créateur, concepteur, initiateur originaire malgré le temps et le long terme depuis 1945 et les indépendances. Un créateur qui joue un rôle important et qui a une mainmise sur cette monnaie, sur son mécanisme et sur la politique monétaire de ces pays par son omniprésence dans les rouages stratégiques comme les conseils d'administration des Banques Centrales aux termes d'un contrat de coopération monétaire.

Une particularité qui se traduit par des relations quasi fusionnelles avec l'ancienne puissance colonisatrice. Un puissant partenaire dont l'omniprésence annihile toute prise d'initiative, toute émancipation intellectuelle dans cette discipline, dans ce domaine précis, celui du franc CFA, sclérose et anesthésie toute prise de risque de ces pays dans la conduite et la mise en œuvre de leur politique monétaire, alors que le risque fait partie intégrante du monde des affaires, de la vie économique. Une politique monétaire quasi sécuritaire à l'ombre des ailes du puissant partenaire et protecteur.

Tous ces points et caractéristiques font que le franc CFA est aujourd'hui une monnaie qui divise et qui est constamment en débat sur son devenir et sur son avenir.

Jamais positions, avis sur une monnaie n'ont été aussi tranchés que ne le sont ceux sur le franc CFA. Soixante-huit ans après sa création.
Certains prônent son abandon pur et simple parce qu'elle rappelle et représente la période coloniale et la colonisation. D'ailleurs l'acronyme CFA Colonies françaises d'Afrique et l'omniprésence de la France dans les organes stratégiques trahissent tout le discours laudatif, rassurant ambiant, surtout pour ceux qui douteraient encore, pour les tenants de cette thèse.
D'autres sont pour un aménagement, une refondation pour adapter cette monnaie et son mécanisme aux circonstances nouvelles et donner plus d'autonomie, plus d'indépendance aux organes dirigeantes en particulier les Banques Centrales des États concernés pour une autonomie et une souveraineté monétaire.
D'autres enfin dont nous sommes, militent et prônent une politique tout en douceur, celle des petits pas, plus réaliste en fonction des réalités du terrain sur la base juridique du temps et du long terme dans les contrats internationaux, en commençant par renégocier le contrat ou l'accord de coopération dans ses principes fondateurs essentiels pour une souveraineté monétaire, en ces organes stratégiques ensuite, parallélisme des formes oblige.

Cette monnaie et la politique monétaire qui l'accompagne ayant pour base un accord de coopération monétaire qui est en fait un contrat, c'est par une renégociation de l'accord de volontés originaires et de ses principes fondateurs que le changement doit s'opérer. Ce n'est sûrement pas ce qu'il y a de plus facile et c'est même risqué eu égard aux nombreux privilèges que cette monnaie a créés, que ce soit pour le principal partenaire ou pour les rentiers africains. Mais comme déjà rappelé, le risque fait partie intégrante de la vie des affaires, de la vie économique voire de la vie tout court. Il ne faut surtout pas avoir peur de l'affronter surtout quand on entreprend, mais au contraire le maîtriser si l'on veut réussir malgré la difficulté et les obstacles en tout genre.[1]

Qui plus est, nous sommes dans un contexte juridique à la base (les conventions légalement formées tiennent lieu de loi à ceux qui les ont faites) malgré la particularité, la spécificité économique de l'objet du contrat et le caractère sociologique, géopolitique de la situation.
Le droit qui est et qui représente la norme c'est-à-dire ce qui doit être, a non seulement sa place mais surtout doit prendre toute sa place dans la vie et le devenir de cette monnaie.
Les débats économiques et monétaires seuls n'ayant jusqu'à présent pas fait bouger les lignes et changer grand-chose concernant la vie et le devenir de cette monnaie malgré la technicité, la pertinence de leur teneur et de leur démonstration. Ainsi les problèmes de cette monnaie ne peuvent donc être laissés en l'état.

Le problème de cette monnaie ne peut être laissé en l'état.
Pour une grande majorité de spécialistes de la discipline et pour ceux qui s'intéressent à cette monnaie, au problème et au devenir de l'Afrique, une chose est sûre, cette monnaie et tout ce qui l'entoure : son mécanisme, ses principes fondateurs, sa politique du même nom ne peuvent rester en l'état. Que l'on soit partisan de l'abandon, du réaménagement, de la renégociation, une chose est sûre, face à une monnaie qui ne laisse personne indifférent, l'indifférence serait la pire des attitudes. On doit réagir, on doit faire quelque chose. Du plus simple pour le grand public, la population de ces pays au plus compliqué pour les spécialistes. Le temps n'est plus à l'immobilisme mais à l'action. La question ne peut plus être confisquée par les tenants du pouvoir. Il y va de la vie de millions de personnes (155 millions de personnes) et du devenir économique de quinze États dans le concert des nations.

---

[1] Sur le sujet, Thèse Ch. Zagoh, *« La Maîtrise des risques dans les financements de projets »* Univ. René Descartes Paris V, ANRT, ISBN 978-2-7295-6752-1.

Avec cette politique des petits pas à l'instar de la renégociation des principes fondateurs essentiels (compte d'opérations, libre convertibilité) que nous prônons et conseillons, nous sommes prioritairement pour la vulgarisation de la connaissance du mécanisme de fonctionnement de ce compte d'opérations qui prive les pays de la zone franc de milliards de francs CFA. Des sommes que la France place à son compte dans les institutions financières internationales pour recueillir d'énormes intérêts qu'elle prête par la suite aux pays de la zone franc sous forme d'aide au développement. Une situation somme toute paradoxale. Il faut diffuser le plus possible ce mécanisme qui prive les pays de la zone franc de leurs épargnes et les appauvrit encore davantage.

Une approche plus simple pour le grand public.
A côté et en sus de cette politique des petits pas, nous sommes pour une approche et une démarche didactique concernant ce mécanisme. Toujours est-il que nous risquons d'entendre dire et surtout de nous faire reprocher voire opposer la spécificité et la technicité de la matière (discipline) et en particulier celle de son mécanisme qui ne serait pas à la portée du tout-venant. Certes, et c'est justement cela qui fait tout l'intérêt, qui requiert et commande cette approche.

Une méthode qui vise justement à instruire prioritairement celui ou ceux qui ne savent pas et ce, sous une forme particulière, agréable en s'amusant presque. Ce qui ne serait qu'un juste retour des choses. Instruire l'utilisateur du mécanisme de ce qui fait son quotidien.
Tout le monde utilise la monnaie et si on prenait la peine d'informer et/ou instruire sur son mécanisme particulier comme ici avec le franc CFA. Plusieurs paramètres accréditent cette approche. Une approche didactique qui porte en elle-même toutes les chances de son succès parce que de prime abord tout le monde utilise la monnaie et tout ce qui y a trait ne peut qu'avoir un écho direct (favorable ou défavorable) dans la population rien que par simple curiosité intellectuelle et encore plus si c'est pour expliquer sa provenance, sa création et sa détention au plus haut niveau de l'État. Tout ce qui touche à

l'État est toujours digne d'intérêt, voire de curiosité surtout en Afrique.
Tout le monde utilise la monnaie et si on prenait le temps, la peine d'informer, d'instruire sur le mécanisme qui lui est propre, cela serait logique et un juste retour des choses.

Une approche didactique pour non seulement répandre, diffuser auprès du plus grand nombre parmi la population mais surtout apprendre et faire connaître à tous ceux qui savent lire et écrire, tous ceux qui, et ils sont nombreux en Afrique qui utilisent la monnaie et ne savent pas lire mais sont à même de comprendre. Toute cette population a besoin de savoir ce qui fait partie intégrante de sa vie, rythme et régit son quotidien, la monnaie et ici le franc CFA, son compagnon de tous les jours qui le suit comme une ombre. Tout est une question de volonté politique. Là réside le problème de fond.

De nombreux exemples en Afrique montrent que cette approche didactique peut prospérer parce qu'utilisée dans de nombreux cas de figures de la vie quotidienne en Afrique. Dans une société où les moyens de communication radio, télévision, presse écrite jouent un rôle important, pourquoi ne pas les utiliser, se servir de tous ces moyens existants pour toucher, informer, instruire un grand nombre sur ce qui fait son quotidien, qui rythme sa vie et qui l'accompagne tous les jours. Il est grand temps d'avoir, de mener une politique audacieuse, moins frileuse, adaptée à nos moyens ou simplement faire la politique de nos moyens, pour l'intérêt supérieur des peuples.

En Afrique en général les gens connaissent bien le montant, la hauteur du budget global de l'État chaque année après son vote par le parlement même si c'est dans la mouvance du vote. Ils Font souvent la comparaison du budget de leur pays avec celui des pays voisins. Par exemple en Côte d'Ivoire on faisait souvent la comparaison avec le budget des pays voisins de la sous-région. Les populations savent absolument que sait l'argent dont dispose l'État pour fonctionner et font bien le parallèle avec tout ce que fait l'État : l'école publique, l'hôpital public, la sécurité, les routes etc. Les médias ne se privent pas de relayer l'information, avec des termes adaptés, des mots et expressions bien choisis et à la portée du plus grand nombre, alors qu'il s'agit aussi de technique budgétaire.

Il en est de même quand l'État se voit accorder des prêts pour tel ou tel projet. Les autorités sont d'ailleurs souvent enclines à le faire connaître (savoir). Là aussi il s'agit également à la base de question de financement de projet, une technique financière. Les dons provenant des pays tiers qu'ils soient en nature (souvent du matériel) ou en espèces (l'argent liquide) connaissent aussi la même diffusion. Pourquoi ce qui concerne et régit la vie de tous les jours, la monnaie et un aspect particulier de son mécanisme y échapperaient-ils du fait de leur technicité ?

Quand un nouveau billet ou une nouvelle coupure entre en circulation pour X ou Y raison, avec des mots simples, un langage approprié, on prend bien le temps de l'expliquer à la population.
Lorsque le franc CFA a été dévalué en 1994, avec les effets sociaux dramatiques que l'on connaît : cherté de la vie, baisse générale du pouvoir d'achat, diminution des salaires, accentuation de la pauvreté, endettement, les populations des pays concernés ont été alertées et informées, instruites pour l'occasion sur la valeur actuelle de la monnaie et ses conséquences sur la vie quotidienne par toute la presse : radio, télévision, journaux, magazine. Simplement pourquoi maintenant les produits coûtent plus cher qu'avant. C'est simple, efficace et les populations comprennent.

Et si on faisait de même pour ce qui touche la monnaie, particulièrement ici le portefeuille, le portemonnaie de l'Etat, celui du citoyen par ricochet et qui concerne de ce fait tout le monde. Pourquoi serait-on prompt à annoncer ce qui n'est pas par essence une bonne nouvelle pour l'économie du pays et partant pour le citoyen (la dévaluation, synonyme de baisse du pouvoir d'achat) et faire l'économie de taire ce qui est la source, la provenance de ce qu'il utilise tous les jours et un de ses principes essentiels ?

Et si avec une pédagogie plus élaborée, après cette approche didactique, on introduisait cette notion, mieux cette discipline dans le programme scolaire ? l'approche serait plus élaborée et prendrait une autre dimension.

Une approche plus élaborée.
Le corps enseignant, dépositaire du savoir, l'étudiant africain doivent non seulement être en première ligne mais surtout concernés par le problème. L'écolier africain des pays de la zone franc doit savoir très tôt avec des mots adaptés, un langage approprié, simple, pourquoi pas une petite bande dessinée, le genre que l'on utilise souvent dans les manuels scolaires, ou pour une vulgarisation et une information grand public sur certains problèmes ou faits sociétaux, d'où vient la monnaie que l'on utilise dans son pays, en l'occurrence le franc CFA, qui le fabrique, où il est fabriqué, comment et où il est stocké (qui en a la garde, plus prosaïquement qui détient le portefeuille), à qui il appartient effectivement, qui le protège, ou le parraine etc.

Le ministère de l'agriculture pour les cultures industrielles comme le café, le cacao, l'hévéa, le palmier à huile, le ministère de la santé publique et de la population sur le paludisme (moustique, moustiquaire) ; les chiens errants dans un pays comme la Côte d'Ivoire connaissent bien ces bandes dessinées grand public pour toucher le maximum de personnes. Pourquoi le ministère de l'économie et des finances n'emboîterait-il pas le pas sur ses homologues concernant le franc CFA ?

L'écolier africain de la zone franc apprend bien l'histoire de l'Afrique (à notre époque : la traite des noirs et toutes ses horreurs, Samory Touré, Soundiata Kéïta, René Caillé, le pasteur écossais David Livingstone qui découvrit les sources du Zambèze...) la géographie de l'Afrique. Je me souviens de certains chapitres concernant les noms des chefs d'Etat africains, (de Léopold Sédar Sengor du Sénégal à Philibert Stsiranana de Madagascar et tous les autres, maître Mocktar Ould Daddah de Mauritanie, Kwame Nkrumah du Ghana, Sékou Touré de la

Guinée, le citoyen Gamal Abdel Nacer d'Egypte, Habbib Bourguiba de Tunisie... quant à ceux d'Afrique occidentale, on devait évidemment les connaître par cœur, sinon la sanction était immédiate) ; le plus subtile concernait le Cameroun. Suivant les programmes nous, nous avions appris la République fédérale du Cameroun, la promotion de mon jeune frère, la République unie du Cameroun et celle des autres, le Cameroun ou Cameroon). On apprenait aussi les organisations africaines comme l'OUA à l'époque (Organisation de l'Unité Africaine), l'OCAM, (Organisation Commune Africaine et Malgache) pour les pays francophones. Et que dire de la géographie des autres pays du monde, particulièrement celle des pays occidentaux et de la France en particulier qui du reste pour la grande majorité d'entre eux ne leur sera d'aucune utilité, faute d'avoir poussé loin les études comme c'est souvent le cas en Afrique.

Et si le mécanisme de ce qui fait leur quotidien leur était enseigné dans ses fondamentaux à travers ce mécanisme dès le plus jeune âge ? On apprend bien l'hymne national, les couleurs du drapeau national, la superficie du pays, les frontières, le relief, les cours d'eau, les fleuves, la côte pour les pays côtiers etc. On apprend bien l'anatomie, certaines maladies tropicales et leur mode de transmission comme le paludisme, la trypanosomiase, la bilharziose, (avant d'affronter concernant cette dernière, la série d'injections qui nous traumatisait au dispensaire du village), certains parasites comme le ténia, le ver de guinée, dans les pays situés en zone forestière du golfe de guinée comme le nôtre etc. les sciences naturelles et même des notions d'agriculture au cours moyen. Je me souviens d'ailleurs que nous apprenions par exemple comment germe une graine, l'assolement, l'irrigation ou comment on greffe une plante, avec des mots simples, des bandes dessinées, un langage adapté à l'âge des élèves. Des notions qui restent gravées dans la mémoire et qui reviennent vite à l'évocation d'un thème au hasard d'une conversation, d'une lecture, parce qu'apprises dès le plus jeune âge.

Pourquoi ce que tout le monde utilise au quotidien, la monnaie serait-elle absente des programmes et des manuels scolaires, surtout que son apprentissage serait rendu d'autant plus facile que les élèves savent déjà ce que c'est et qu'ils l'ont entre leurs mains quasiment tous les jours, ou simplement à un moment ou à un autre. Le vécu du quotidien doit faire partie du programme scolaire, surtout que sans l'avoir appris même à l'école primaire pour les enfants et même pour les adultes, nous connaissions plus ou moins et nous savons distinguer les personnages ou les figures des personnages qui sont sur les pièces et les billets de 100 francs et de mille francs de l'époque. Un ancrage de la monnaie dans le quotidien.

Ne voit-on pas ce qui se passe dans les pays occidentaux où le programme scolaire, véritable image et reflet des choses de la vie de la cité est sans cesse renouvelé au gré de l'évolution de la société pour se mettre au goût du jour, être en adéquation et en harmonie avec l'évolution de la société mais surtout préparer les générations futures à ce qui se vit et à ce qui les attend quand elles seront adultes.

Les exemples sont nombreux. On peut citer pêle-mêle : les nouvelles technologies, l'écologie et la sensibilisation des enfants dès leur plus jeune âge à la protection de la nature.
Que dire des langues étrangères dont l'enseignement s'est littéralement métamorphosé avec le développement économique mondial, le commerce et les relations internationales, la mondialisation. Ainsi, outre le fait que l'accent soit de plus en plus mis sur l'oral, le dialogue, les débats, les séjours linguistiques pour être en immersion totale, mieux apprendre sur le terrain et au quotidien, leur apprentissage se fait de plus en plus dès le plus jeune âge, à la maternelle et même à la maison pour préparer les générations futures à la vie et à la société de demain. La France qui est prise comme référence en Afrique francophone a, elle aussi copié dans ce domaine les pays nordiques.

Les Etats-Unis d'Amérique, mondialisation et importance économique obligent, ont introduit dans leur système scolaire, l'apprentissage du chinois, plus précisément du mandarin pour préparer les générations futures à affronter (pour le devenir de leur pays) cette puissance économique émergente qu'est la Chine. Rien de tel dans la formation intellectuelle et humaine, pour la conquête d'un marché ou pour les relations internationales surtout d'affaires, que la connaissance, la culture, les us, et coutumes d'un pays, d'une société que la maîtrise de sa langue. Qui plus est, quand il s'agit d'un concurrent direct dans les relations économiques internationales voire mondiales. Qu'une grande puissance comme les États-Unis d'Amérique accepte d'intégrer l'apprentissage de la langue d'un pays émergent du tiers monde dans son système éducatif est révélateur de l'importance de la préparation des générations futures aux phénomènes sociétaux.

Ainsi à l'instar des pays occidentaux, (avec l'euro qui est bien connu en Europe et dans les foyers par les enfants), graduellement, à la maternelle, au primaire, au collège puis au lycée ce phénomène sociétal doit faire partie intégrante du programme scolaire sans parler de l'enseignement supérieur : les grandes écoles, les facultés d'économie et de gestion principalement où le franc CFA doit être une matière à part entière et non plus une branche d'un cours général de finance internationale ou d'économie monétaire.

L'école nouvelle des pays de la zone franc doit être adaptée. Elle doit Prendre en compte et intégrer les faits sociétaux majeurs. Le vécu de la vie de la nation doit faire partie de l'apprentissage scolaire surtout si le devenir des pays en dépend. Les juristes pour ne citer qu'eux connaissent bien l'adaptation du droit à l'évolution de la société avec depuis plus d'une vingtaine d'année, voire même plus, la multiplication des disciplines et branches du droit avec l'évolution de la société occidentale et internationale. Et que dire des autres faits de société intégrés dans les programmes scolaires déjà évoqués.

Ainsi on trouve par exemple en France de nouvelles disciplines juridiques ou branches du droit comme le droit du sport, qui est devenu une discipline à part entière avec la professionnalisation de plus en plus importante de la discipline, ses retombés économiques, son imprégnation de la vie de la cité. Plus insolite et surprenant : le droit de la crémation, un phénomène qui se généralise dans la société occidentale et qui a besoin d'être normé au niveau juridique. Le droit de l'internet avec cette nouvelle technologie qui envahit le quotidien et qui devient incontournable dans toutes les sphères de la société. Les exemples peuvent être multipliés.

Que l'on ne se contente plus seulement d'utiliser le franc CFA dans les pays de cette zone, mais qu'on sache ce que c'est, d'où il vient, qui le fournit, qui le fabrique, pour quoi il porte ce nom. Qui garde l'argent de son pays, qui bat la monnaie qu'il utilise, en clair d'où vient le CFA. L'africain de cette zone qui sait lire, écrire et compter doit en avoir ne serait-ce qu'une petite idée sur les fondamentaux.

C'est pour nous la manière la plus simple, la plus efficace de faire évoluer le débat sur cette monnaie et même mieux, d'instruire, de préparer la future génération, les futures dirigeants, la future élite à un problème crucial de société.
Gouverner c'est prévoir. Si les conditions du moment ne permettent pas la remise en question ou ne facilitent pas le débat sur place à cause du climat général autour de cette monnaie, de multiples pressions eu égard aux énormes intérêts enjeu ; rien ne dit que les choses resteront en l'état dans un futur proche. Tout est une question de temps et d'époque. Une aube nouvelle se lèvera « dans notre nuit » et une nouvelle génération préparée, instruite sur la question pourra sûrement et nous en sommes convaincus, faire évoluer les choses.

Que le sujet, la question concernant le franc CFA ne soit plus une question de spécialistes de la finance, de l'économie, de la monnaie et de quelques érudits ou d'une élite africaine. Cette question cruciale du franc CFA ne doit plus être aussi tabou en Afrique qu'elle ne l'est actuellement dans les pays concernés et que l'on démocratise le débat sur cette monnaie africaine, que l'on libère une fois pour toute la parole des citoyens en âge de comprendre, de s'exprimer et de donner leurs avis et opinions sur leur propre monnaie.

La démocratie justement, un mot, une expression dans l'ère du temps en Afrique. Et si cette démocratie touchait tous les rouages de la société des pays concernés à commencer par celle de la parole, de l'expression, de la libre expression sur les faits, les phénomènes sociétaux et qu'elle ne se réduise pas seulement à mettre un bulletin dans l'urne. Ce qui est déjà une avancée importante, une base et un début et c'est déjà bien, mais ce n'est pas tout. Comme l'arbre se nourrit de la sève, la démocratie se nourrit du débat.

L'histoire de monsieur Stellio Gilles Robert Capo Chichi alias de Kémi Séba, ou mieux la mésaventure qui lui est arrivée est assez édifiante à ce sujet et vient si besoin est, confirmer notre crainte et renforcer notre inquiétude et notre préoccupation du moment.

Activiste de la société civile africaine de la mouvance panafricaine, monsieur Kémi Séba brûle un billet de 5000 francs CFA (soit 7,60 euros) lors d'un rassemblement le 19 août 2017 à Dakar au Sénégal pour dénoncer d'après lui cette monnaie qu'il qualifie volontiers de « scandale économique-politique d'ordre colonial. »

Interpellé à son domicile dans la nuit même, il est arrêté le 25 août et mis en détention provisoire sur la base d'une plainte de la Banque Centrale des États de l'Afrique de l'Ouest (BCEAO) dont le siège est à Dakar.
Le moyen invoqué par les avocats, monsieur Kémi Séba est accusé de *« semer la confusion »* sur la politique monétaire de l'institution et affirmé qu'il était *« archi faux »* de dire que Paris disposait *« d'un droit de véto »* sur les décisions de la BCEAO.

Devant le tribunal, monsieur Kémi Séba revendique un acte « symbolique », « l'objet de la manifestation était d'exposer les méfaits de la Françafrique » a-t-il dit, se comparant volontiers à Madame Rosa Louise Mc Cauley Parks dite Rosa Parks, figure emblématique de la lutte contre la ségrégation aux États Unis, surnommée « mère des droits civiques » par le congrès américain, militante des droits civiques, qui avait enfreint la loi

américaine en 1955 en refusant de céder sa place de bus à un passager blanc.
Une centaine de ses partisans étaient présents depuis le début de la matinée au palais de justice de Dakar. Ils avaient d'ailleurs été évacués après avoir applaudi son intervention.
A l'issue de l'audience, monsieur Kémi Séba était mis hors de cause et relaxé par le tribunal de Dakar.

L'indignation populaire et générale provoquée par cette arrestation dans le monde, en France en particulier et en Afrique ont-ils influencé la décision du tribunal ou sur le fond du droit, la confusion évoquée n'était-elle pas avérée, tout comme le droit de véto sur les décisions de la BCEAO ?
Toujours est-il que les avocats de monsieur Kémi Séba l'ont emporté grâce à un point de droit : le code pénal sénégalais punit la destruction *« des »* billets de banque mais non d'un seul.
Mais ils ont aussi porté le débat sur un point sensible, la légitimité du franc CFA ou le rôle des anciennes puissances colonisatrices en particulier la France.

Libéré, monsieur Kémi Séba a été expulsé vers la France, le prisonnier étant citoyen français et béninois. Il a ainsi abandonné sa famille dans l'urgence pour un exil contraint et forcé. Une décision de justice en demie teinte : une relaxe suivie d'une expulsion, signe palpable d'une méfiance tenace vis-à-vis de la liberté d'expression sur le franc CFA.
Toujours est-il que son geste et la condamnation qui a suivi ont une fois de plus, à quelque chose malheur est bon, braqué les projecteurs sur le franc CFA, rallumé le débat et confirmé une fois de plus nos craintes, simplement parce que tout ce qui touche au franc CFA en Afrique est sensible et même tabou.

Paradoxalement avant lui en France, un certain Serge Gainsbourg, artiste populaire a lui aussi brûlé un billet de 100 francs français de l'époque à la télévision de son pays à une heure de grande écoute devant des millions de téléspectateurs sans que les autorités françaises n'aient eu à redire. Monsieur Kémi Séba a-t-il voulu imiter le geste provocateur de cet artiste français ? Mal lui en a pris parce qu'il a sûrement et simplement,

voire par inadvertance, oublié malgré lui et par-delà une similitude des faits sur l'objet, la monnaie, ou plus exactement un billet de banque, que le contexte et le lieu étaient bien différents.
La morale de l'histoire : ce qui est un pur geste de provocation en France est considéré comme un trouble à l'ordre public au Sénégal et en Afrique. Une différence d'appréciation et de qualification des mêmes faits suivant les pays qui veut tout dire et qui se passe de commentaire.

Que l'on dissocie la politique et la question sociétale qu'est le franc CFA et tout ce qui l'entoure, principalement le mode d'expression le concernant. Que l'on libère la parole sur le franc CFA. Que la question concernant le CFA se libère une fois pour toute et se démocratise. De la contestation et de la libre expression du peuple peuvent jaillir la lumière et la vérité sur cette monnaie, *« vox populi, vox dei »*. Que l'on donne au moins la parole au peuple comme cela se fait dans toutes les démocraties à travers le monde.
Et si un tel phénomène se produisait en France ? ne prendrait-on pas en compte la voix du peuple par une consultation ? à preuve le referendum en France pour l'adoption de l'euro et l'abandon du franc français avec le traité de Maastricht.

Pourquoi ce qui se fait ailleurs et particulièrement chez celui dont les pays de la zone franc se réclament et s'inspirent, mais qui est aussi le partenaire et le propriétaire du franc CFA, ne se ferait-il pas chez eux. Les populations des pays de la zone franc ne seraient-elles pas à même de comprendre la portée d'une telle consultation ou ne seraient-elles pas mûres ou prêtes pour donner leur avis sur une question somme toute cruciale ? Et si l'on prenait la peine de les consulter ne serait-ce à minima par un simple sondage d'opinion pour prendre la température du problème ou de la question.

Comme l'a été la lutte pour l'indépendance en d'autres temps pas si éloignés, dure, longue, semée d'embûches, celle de la souveraineté monétaire qui est le pendant, l'autre face, le second pied, le second bras, l'autre œil de la vie d'une nation indépendante doit être menée, pacifiquement, dans un climat intellectuel apaisé à l'occasion de débat d'idées, loin des antagonismes et des luttes pour les prises de pouvoir et de défense des intérêts, pour éviter d'être estropié, manchot et borgne dans le concert des nations. Indépendance et souveraineté étant indissociables en droit et relations internationales parce qu'elles sont par essence les deux faces d'une même médaille si on peut emprunter cette métaphore.

Il y va de la survie économique des pays de la zone franc, et surtout de la vie et de l'avenir de 155 millions de personnes, loin des certitudes passées et des anachronismes pour découvrir et savoir ce qui est, concernant cette monnaie. Sans toutefois nier la difficulté du combat parce que venant de la base et non plus cette fois du sommet de l'État. Mais une base représentative, formée de l'élite pensante et de la graine de l'élite appelée un jour à diriger les affaires des pays de la zone franc et surtout une base représentative de la voix du peuple, instruite, informée en amont sur le problème.

Bibliographie

Atlas de la zone franc en Afrique subsaharienne (monnaie, économie, société) Édit. la documentation française 1995

Agbohou (N), Le franc CFA et l'euro contre l'Afrique, Edition Solidarité mondiale

Ben Hammando (H). et Kassé (M), L'avenir de la zone franc : perspectives africaines, édit. CODESRIA Karthala 2001

Blardone (G). Zone franc : du franc CFA à la monnaie unique européenne, sous la direction de René Sandretto, les Éditions de l'Epargne Paris 1994

Delage (A) et Massiero (A), Le franc CFA : bilan et perspectives, édit. l'Harmattan 1994

Fassassi (Y), Le franc CFA ou la monnaie des pays PMA (les Pays pas Moyen d'Avancer) édit. L'Harmattan

Gnansounou (E.) En finir avec le franc des colonies françaises d'Afrique édit. l'harmattan 2012

Nubukpo (K), Ze Belinga (M), Tinel (B), Dembele (D.M.), Sortir l'Afrique de la servitude monétaire. A qui profite le franc CFA ? édit. La Dispute 2016

Rapport annuel de la zone franc, banque de France

Semedo (G) Villier (P) La zone franc ! mécanismes et perspectives macroéconomiques Édit. Ellipses 1997

Vallée (O) Le prix de l'argent CFA, heurs et malheurs de la zone franc, Édit. Karthala 1989

Vizy (M) La zone franc édit C.H.E.A.M. (Centres des Hautes Études sur l'Afrique et l'Asie) Modernes) 1989

Zagoh (Ch.) La maîtrise des risques dans les financements de projets, édit. ANRT Lille www.antheses.com.fr

L'intérêt et la bonne foi, Revue Banque et Stratégie n° 255 janv. 20008

Le financement de projet : nécessité d'une redéfinition du cash-flow, Revue de Droit des Affaires internationales RDAI n° 1 fév. 2010

Une garantie de l'affectation des fonds dans les montages de financement de projet : la lettre de change, Revue droit des Affaires internationales RDAI, n°2 2011

Le long terme : facteur de risque dans les montages et ensembles de contrats, Revue banque et droit n° 147 janv. fév. 2013

Les contrats internationaux et leur évolution

Bertin (Gilles Y.), L'investissement international. PUF « Que sais-je ? » n° 1256, p 53 et s
Draetta (U.), Lake (R.) contrats internationaux - Pathologie et remèdes, Bruylant, Feduci, 1996.
Berando (J.P.), Les trusts anglo-saxons et le droit français, LGDJ 1992.
Carreau (D.) Juillard (P.) Flory (Th.), Droit international économique, LGDJ 1980, p. 361.
Chatillon (S) Droit des affaires internationales, Vuibert 2011 5° édit.
Delmas-Saint Hilaire (J.), L'adaptation du contrat aux circonstances économiques, la tendance à la stabilisation du rapport contractuel, Paris 1960.
Fouchard (Ph.), La responsabilité des constructeurs en droit international privé, Rapport français, in « la responsabilité des constructeurs », Trav. Ass. H. Capitant, tome XLII, Litec, 1991, p. 293 et s.
Lalive (J-F.), - Contrats entre États ou entreprises étatiques et personnes privées- Développements récents, RCADI, 1983, III, Martinus Nijhoff, 1984, p. 13-283
- Le contrat économique international -Stabilité et évolution (ouvrage collectif), Bruylant-Pedone, 1975.
Lepaulle (P.), Traité théorique et pratique des trusts en droit interne; en droit fiscal et en droit international, Paris 1932
Lesguillons (H.), Contrats internationaux, Lamy Paris (sept volumes)
Loncle (J.-M.) Trochon (J.-Y.) Pratique des négociations dans les rapprochements d'entreprises, EFE, Litec, 1997, p. 324
Pellet (A.), Le droit international du développement, PUF, « Que sais-je ? » n° 1731, 1987
Peter (W.) Arbitration and renegociation of international Investment Agreement in Mineral Developpement, Kluwer law international, 1995, 2° éd. p. 458
Philippe (Denis M.), Changement de circonstances et bouleversement de l'économie contractuelle. Bruylant 1986
Pommier (J.Ch.), Principe d'autonomie et loi du contrat en droit international privé conventionnel, Economica 1992, p. 382 et s
Schapira et Leben, le droit international des affaires, « Que sais-je? », n°1465, mai 1996.
Treillard (J.), La suspension des contrats. La tendance à la stabilité du rapport contractuel, Paris 1960.
Tripet (F.), Trusts patrimoniaux anglo-saxons et droit fiscal français LGDJ 1992

Trochu (M.), L'intervention de la notion de temps dans les contrats internationaux à exécution successive, in l'internationalisation du droit. Mélanges Loussouarm, Dalloz Paris 1994.
Weil (P.), Droit international et contrat d'État, in Mélanges Reuter, Pedone, Paris, 1981, p. 449-581.
Wood (Philip R.), au sein de sa série de six ouvrages intitulés « Law and Pratice of International finance », « Principales of international insolvency », Sweet &Maxwell, Londres, 1995, p. 391

Tables des matières

Structures éditoriales du groupe L'Harmattan

L'Harmattan Italie
Via degli Artisti, 15
10124 Torino
harmattan.italia@gmail.com

L'Harmattan Hongrie
Kossuth l. u. 14-16.
1053 Budapest
harmattan@harmattan.hu

L'Harmattan Sénégal
10 VDN en face Mermoz
BP 45034 Dakar-Fann
senharmattan@gmail.com

L'Harmattan Cameroun
TSINGA/FECAFOOT
BP 11486 Yaoundé
inkoukam@gmail.com

L'Harmattan Burkina Faso
Achille Somé – tengnule@hotmail.fr

L'Harmattan Guinée
Almamya, rue KA 028 OKB Agency
BP 3470 Conakry
harmattanguinee@yahoo.fr

L'Harmattan RDC
185, avenue Nyangwe
Commune de Lingwala – Kinshasa
matangilamusadila@yahoo.fr

L'Harmattan Congo
219, avenue Nelson Mandela
BP 2874 Brazzaville
harmattan.congo@yahoo.fr

L'Harmattan Mali
ACI 2000 - Immeuble Mgr Jean Marie Cisse
Bureau 10
BP 145 Bamako-Mali
mali@harmattan.fr

L'Harmattan Togo
Djidjole – Lomé
Maison Amela
face EPP BATOME
ddamela@aol.com

L'Harmattan Côte d'Ivoire
Résidence Karl – Cité des Arts
Abidjan-Cocody
03 BP 1588 Abidjan
espace_harmattan.ci@hotmail.fr

Nos librairies en France

Librairie internationale
16, rue des Écoles
75005 Paris
librairie.internationale@harmattan.fr
01 40 46 79 11
www.librairieharmattan.com

Librairie des savoirs
21, rue des Écoles
75005 Paris
librairie.sh@harmattan.fr
01 46 34 13 71
www.librairieharmattansh.com

Librairie Le Lucernaire
53, rue Notre-Dame-des-Champs
75006 Paris
librairie@lucernaire.fr
01 42 22 67 13

www.ingramcontent.com/pod-product-compliance
Lightning Source LLC
LaVergne TN
LVHW011005061026
849535LV00006B/1723
* 9 7 8 2 3 3 6 4 8 2 2 6 2 *